Y0-DOJ-071

对外汉语本科系列教材
语言技能类(二年级)

新 闻 听 力 教 程

上

编著　刘士勤
　　　彭瑞情
翻译　史艳岚

北京语言大学出版社
BEIJING LANGUAGE AND CULTURE
UNIVERSITY PRESS

图书在版编目（CIP）数据

新闻听力教程（上）/刘士勤，彭瑞情编著.
—北京：北京语言大学出版社，2010 重印
对外汉语本科系列教材
ISBN 978 - 7 - 5619 - 0913 - 3

Ⅰ．新…
Ⅱ．①刘…　②彭…
Ⅲ．对外汉语教学 - 听说教学 - 高等学校 - 教材
Ⅳ．H195.4

中国版本图书馆 CIP 数据核字（2001）第 08523 号

书　　名：	新闻听力教程（上）
责任印制：	姜正周

出版发行：**北京语言大学出版社**
社　　址：北京市海淀区学院路 15 号　邮政编码：100083
网　　址：www.blcup.com
电　　话：发行部　82303648 /3591 /3650
　　　　　编辑部　82303647
　　　　　读者服务部　82303653 /3592
　　　　　网上订购电话　82303668
　　　　　客户服务信箱　service@blcup.net
印　　刷：北京外文印刷厂
经　　销：全国新华书店

版　　次：2001 年 4 月第 1 版　2010 年 6 月第 7 次印刷
开　　本：787 毫米×1092 毫米　1 / 16　印张：12.25
字　　数：155 千字　印数：22001—24000 册
书　　号：ISBN 978 - 7 - 5619 - 0913 - 3 / H·01009
定　　价：28.00 元

凡有印装质量问题，本社负责调换。电话：82303590

序

李　杨

　　教材是教育思想和教学原则、要求、方法的物化，是教师将知识传授给学生，培养学生能力的重要中介物。它不仅是学生学习的依据，也体现了教师进行教学工作的基本规范。一部优秀的教材往往凝结着几代人的教学经验及理论探索。对外汉语本科教育，从1975年在北京语言学院试办现代汉语专业(今汉语言专业)算起，走过了二十多年历程。如今教学规模扩大，课程设置、学科建设都有了明显发展。在总体设计下，编一套包括四个年级几十门课程的系列教材的条件业已成熟。进入90年代，我们开始了这套教材的基本建设。

　　北京语言大学留学生本科教育，分为汉语言专业(包括该专业的经贸方向)和中国语言文化专业。教学总目标是培养留学生熟练运用汉语的能力，具备扎实的汉语基础知识、一定的专业理论与基本的中国人文知识，造就熟悉中国国情文化背景的应用型汉语人才。为了实现这个目标，学生从汉语零起点开始到大学毕业，要经过四年八个学期近3000学时的学习，要修几十门课程。这些课程大体上分为语言课，即汉语言技能(语言能力、语言交际能力)课、汉语言知识课，以及其他中国人文知识课(另外适当开设体育课、计算机课、第二外语课)。为留学生开设的汉语课属于第二语言教学性质，它在整个课程体系中处于核心地位。教学经验证明，专项技能训练容易使某个方面的能力迅速得到强化；而由于语言运用的多样性、综合性的要求，必须进行综合性的训练才能培养具有实际意义的语言能力。因此在语言技能课中，我们走的是综合课与专项技能课相结合的路子。作为必修课的综合课从一年级开到四年级。专项技能课每学年均分别开设，并注意衔接和加深。同时，根据汉语基本要素及应用规律，系统开设汉语言本体理论知识课程。根据中国其他人文学科如政治、经济、历史、文化、文学、哲学等基础知识，从基本要求出发，逐步开设文化理论知识课程。专业及专业方向从三年级开始划分。其课程体系大致是：

一年级

　　汉　语　综　合　课：初级汉语
　　汉语专项技能课：听力课、读写课、口语课、视听课、写作课

二年级

汉 语 综 合 课：中级汉语

汉语专项技能课：听力口语、阅读、写作、翻译、报刊语言基础、新闻听
力

汉 语 知 识 课：现代汉语语音、汉字

文 化 知 识 课：中国地理、中国近现代史

三年级

汉 语 综 合 课：高级汉语（汉语言专业）

中国社会概览（中国语言文化专业）

汉语专项技能课：高级口语、写作、翻译、报刊阅读、古代汉语；经贸口
语、经贸写作（经贸方向）

汉 语 知 识 课：现代汉语词汇

文 化 知 识 课：中国文化史、中国哲学史、中国古代史、中国现代文
学史；中国国情、中国民俗、中国艺术史（中国语言文
化专业）；当代中国经济（经贸方向）

四年级

汉 语 综 合 课：高级汉语（汉语言专业）

中国社会概览（中国语言文化专业）

汉语专项技能课：当代中国话题、汉语古籍选读、翻译；
高级商贸口语（经贸方向）

汉 语 知 识 课：现代汉语语法、修辞

文 化 知 识 课：中国古代文学史；中国对外经济贸易、中国涉外经济
法规（经贸方向）；儒道佛研究、中国戏曲、中国古代
小说史、中外文化交流史（中国语言文化专业）

这套总数为50余部的系列教材完全是为上述课程设置而配备的。

这是一套跨世纪的新教材，它的真正价值属于21世纪。其特点是：

1.系统性强。对外汉语本科专业、年级、课程、教材之间是一个具有严密科学性的系统，如图（见下页）：

整套教材是在系统教学设计的指导下完成的，每部教材都有其准确的定性与定位。除了学院和系总体设计之外，为子系统目标的实现，一年级的汉语教科书（10部）和二、三、四年级的中国文化教科书（18部）均设有专门的专家编委会，负责制定本系列教材的编写原则、方法，并为每一部教材的质量负责。

2.有新意。一部教材是否有新意、有突破，关键在于它对本学科理论和本课程教学有无深入的甚至是独到的见解。这次编写的整套教材，对几个大的子

系列和每一部教材都进行了反复论证。从教学实际出发,对原有教材的优点和缺点从理论上进行总结分析,根据国内外语言学、语言教学和语言习得理论以及中国文化诸学科研究的新成果,提出新思路,制定新框架。这样就使每一个子系列内部的所有编写者在知识与能力、语言与文化、实用性与学术性等主要问题上取得共识。重新编写的几十部教材,均有所进步,其中不少已成为具有换代意义的新教材。

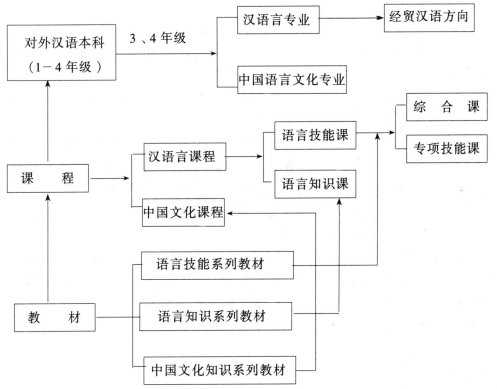

3. 有明确的量化标准。在这套教材编写前和进行过程中,初、中、高对外汉语教学的语音、词汇、语法、功能、测试大纲及语言技能等级标准陆续编成,如《中高级对外汉语教学等级大纲》(1995年,孙瑞珍等)、《初级对外汉语教学等级大纲》(1997年,杨寄洲等)。一年级全部教材都是在这些大纲的监控下编写的,二、三、四年级汉语教材也都自觉接受大纲的约束,在编写过程中不断以大纲检查所使用的语料是否符合标准,是否在合理的浮动范围内。中国文化教材中的词汇也参照大纲进行控制,语言难度基本上和本年级汉语教材相当,使学生能够在略查辞典的情况下自学。这样就使这套教材在科学性上前进了一步。

4. 生动性与学术性相结合。本科留学生是成年人,至少具有高中毕业的文化水平,他们所不懂的仅仅是作为外语的汉语而已。因此教材必须适合成年人的需要并具有相当的文化品位。我们在编写各种汉语教材时,尽可能采用那些能反映当代中国社会和中国人的生活、心态的语料和文章,使学生能够及时了解中国社会生活及其发展变化,学到鲜活的语言。一些入选的经典作品也在编排练习时注意着重学习那些至今依然富有生命力的语言,使教材生动、有趣味、有相对的稳定性。教材的学术性一方面表现为教材内容的准确和编排设计的科学,更重要的是,课程本身应当能够及时反映出本学科的新水平和新进展。这些都成为整套教材编写的基本要求之一。文化类教材,编写之初编委会就提出,要坚持"基础性(主要进行有关学科的基础知识和基本理论教育,不追求内容的高深)、共识性(内容与观点在学术界得到公认或大多数人有共识,一般不介绍个别学者的看法)、全貌性(比较完整与系统地介绍本学科面貌,可以多编少讲)、实用性(便于学生学习,有利于掌握基本知识与理论,并有助于汉语水平的提高)",强调"要能反映本学科的学术水平",要求将"学术品位和内容的基础性、语言的通俗性结合起来"。作者在编写过程中遵循了这些原则,每部教材都能在共同描绘的蓝图里创造独特的光彩。

为了方便起见,整套教材分为一、二、三、四年级汉语语言教材、汉语理论与知识教材、中国文化教材、经贸汉语教材五个系列陆续出版。这套系列教材由于课程覆盖面大,层次感强,其他类型的教学如汉语短期教学、进修教学、预备教学可在相近的程度、相同的课型中选用本教材。自学汉语的学生亦可根据自己的需要,选择不同门类的教材使用。

教材的科学更新与发展,是不断强化教学机制、提高教学质量的根本。北京语言大学汉语学院集近百位教师的经验、智慧与汗水,编就这套新的大型系列教材。相信它问世以后,将会在教学实践中多方面地接受教师与学生的检验,并会不断地融进使用者的新思路,使之更臻完善。

编　者　的　话

　　《新闻听力教程》是供掌握2500个词以上的对外汉语专业本科生或进修生使用的一本新闻听力教材,也可供具有同等汉语水平的人自学使用。该书所选的新闻内容,涵盖了当代中国政治、经济、外交、军事、文化、基建、交通、外贸、农业、科技、教育、司法、青年、婚姻、社交等众多领域,都是外国留学生或境外人员关心的热点问题。共计32课,80余篇课文,150多条简讯,以及与之相关的国情知识。

　　本书所用语料,主要选自电视台、广播电台的新闻稿,部分课文是依据报纸新闻改写的。具有语言规范实用、内容丰富准确、题材体裁多样等特点。通过本书学习,可以熟悉和掌握800多个广播电视新闻常用词语和常见结构、200多个常见范句,了解广播电视新闻的篇章结构特征,加深对中国现实社会的认识和理解,有效地提高新闻汉语听力理解能力,为直接收听收看中国广播电视新闻打下坚实基础。

　　本书是同类课程的第二代教材。为适应新情况、新形势的需要,我们在下列诸方面进行了一些新的探索:一是突出语言能力的培养与提高,把听力技能训练、新闻汉语知识传授和国情知识介绍三者融于一书,将知识传授寓于技能训练之中,使听力能力与交际技能训练更具理性指导和有效;二是遵循相关的汉语词汇、语法大纲和汉语技能等级标准的要求,使教材定性、定位、定量更趋合理,语言难易度比较合适;三是将录音、影视、文字语言融为一体(因版权所限,目前录像只在校内使用),有效地增强了教材的形象性和科学性,便于开展电化教学,提高教学质量;四是题材内容的确定来自于对数十个国家200多名留学生的调查,课文编排顺序同我国媒体每年各个阶段宣传报道的重点基本同步,这既加强了教材的针对性,又有利于教师及时补充新内容,更好地实现"新旧结合",提高习读者的学习兴趣;五是增添了课外听力材料,为习读者课外自学提供了方便。

　　本书借鉴当代国内外语言教学和教学法研究的成果,注重语言交际能力和听力理解技能训练与提高。本着"以听为主,兼顾说读"的原则,运用多种多样的练习方式,着重培养和提高习读者的内容理解和信息撷取能力,语言(包括语音、语调、语气、词语、句式等)辨别和内容概括能力,跳越障碍与快速反应能力,以及综合运用听力技能技巧的能力,全面提高收听收看汉语广播电视新闻理解水平。

本书每课体例依次为:生词、练习、听前提示、背景知识、语言知识与听力训练。录音文本、练习答案、课外听力材料和词汇总表附于各册书的后边。

本书编译人员分工如下:刘士勤编写 1~14 课、18~20 课、22~32 课,并负责全书的统稿工作;彭瑞情编写 15~17 课和第 21 课;史艳岚翻译全部生词。

编　者

目　　录

第 一 课

生 词

1. 摘要	（名）	zhāiyào	summary; abstract
2. 收看	（动）	shōukàn	watch
3. 回顾	（动）	huígù	review; look back
4. 周年	（名）	zhōunián	anniversary
5. 隆重	（形）	lóngzhòng	grand; solemn; ceremonious
6. 直播	（动）	zhíbō	direct broadcast; live telecast
7. 国庆(节)	（名）	guóqìng(jié)	National Day
8. 庆典	（名）	qìngdiǎn	a ceremony to celebrate
9. 盛况	（名）	shèngkuàng	grand occasion; spectacular event
10. 集	（量）	jí	volume; part
11. 记录片	（名）	jìlùpiān	documentary film; documentary
12. 黄金时间		huángjīn shíjiān	golden time
13. 真诚	（形）	zhēnchéng	sincere; genuine
14. 听众	（名）	tīngzhòng	audience; listeners
15. 提要	（名）	tíyào	summary; abstract
16. 收听	（动）	shōutīng	listen in
17. 编辑	（动、名）	biānjí	edit; editor
18. 播报	（动）	bōbào	broadcast
19. 举国欢庆		jǔguó huānqìng	the whole nation celebrates joyously
20. 荧屏	（名）	yíngpíng	fluorescent screen
21. 传情		chuán qíng	transmit feeling
22. 辉煌	（形）	huīhuáng	brilliant; splendid
23. 盛典	（名）	shèngdiǎn	grand ceremony
24. 苍茫	（形）	cāngmáng	vast; boundless

25. 岁月	（名）	suìyuè	years
26. 改革开放		gǎigé kāifàng	reform and opening（policy）
27. 播送	（动）	bōsòng	broadcast
28. 复兴	（动）	fùxīng	revive; rejuvenate
29. 推出	（动）	tuīchū	bring forth
30. 型	（名）	xíng	scale
31. 预告	（动、名）	yùgào	announce in advance; advance notice

专 名

1. 中央人民广播电台	Zhōngyāng Rénmín Guǎngbō Diàntái	The Central People's Broadcasting Station
2. 中央电视台	Zhōngyāng Diànshìtái	Chinese Central Television Station（CCTV）
3. 《新中国》	《Xīn Zhōngguó》	*New China*，*name of a magazine*
4. 王平	Wáng Píng	name of a person
5. 张华	Zhāng Huá	name of a person
6. 方明	Fāng Míng	name of a person
7. 林如	Lín Rú	name of a person
8. 《江山如此多娇》	《Jiāngshān Rúcǐ Duōjiāo》	（*How enchantingly beautiful the country is！*）*name of a painting*

练 习

一、常见词组

回顾	编辑	播送	推出
回顾历史	编辑杂志	播送新闻	推出节目
回顾过去	编辑报纸	播送音乐	推出新人
回顾一下	集体编辑	播送小说	推出产品
继续回顾	电台编辑	继续播送	隆重推出
值得回顾	优秀编辑	允许播送	正式推出

二、听完范句后,回答问题

1. 中央人民广播电台现在是什么节目时间?
2. 什么节目是方明、林如播送的?
3. 哪家电视台要直播首都国庆庆典盛况?
4. 中央电视台什么时候播出记录片《新中国》?
5. 首都庆祝中华人民共和国成立 50 周年大会在哪儿举行?
6. 中央电视台对观众有什么希望?
7. 什么报纸报道了近期要播出记录片《新中国》的消息?
8. 范句里几次说到了中央电视台的名字?

三、听完下面新闻常用语,判断正误

1. 电视台正在向各位听众问好。(　　)
2. 广播电台愿意真诚为观众朋友们服务。(　　)
3. 中央人民广播电台正在播送"新闻和报纸摘要"节目。(　　)
4. "新闻联播"是电视台的一个节目。(　　)
5. 现在是中央电视台"新闻 30 分"节目时间。(　　)
6. 这 6 个句子说到了 4 种新闻节目。(　　)

四、听完下面新闻常用语,回答问题

1. 今天是什么日子?
2. 首先播送"内容提要"的是广播电台还是电视台?
3. 广播电台还是电视台正在播送"这次节目的详细内容"?
4. 广播电台什么时候有重要广播?
5. 现在正在播报几月几号的最新消息?
6. 记录片《新中国》将要在哪家电视台的黄金时间播出?
7.《中国电视报》报道了什么消息?

五、听完下面 5 个句子,比较每组 A、B 两句意思是不是一样

1. A. 下面再向您介绍一下这次"新闻联播"节目的主要内容。
   B. 下面再把这次"新闻联播"节目的主要内容向您介绍一下。
2. A. 各位观众,欢迎您继续收看中央电视台的其他节目。
   B. 我们中央电视台欢迎大家继续收听本台的其他节目。
3. A. 这次"新闻和报纸摘要"节目是由王平、张华编辑,方明和林如播送的。
   B. 这次"新闻和报纸摘要"节目是由方明和林如编辑,王平、张华播送的。

3

六、听完课文,选择正确答案

1. A. 中国电视台   B. 北京电视台
    C. 中央电视台   D. 首都电视台

2. A. 天安门广场   B. 首都广场
    C. 北京广场   D. 中央电视台广场

3. A. 10月1号晚上   B. 10月1号上午10点
    C. 9月30号9点30分   D. 10月1号上午9点55分

4. A. 天安门广场更加辉煌   B. 新中国成立50周年
    C. 中央电视台推出一台大型文艺晚会   D. 中华民族实现了伟大复兴

听 前 提 示

1. 中央人民广播电台

中华人民共和国国家广播电台。前身是1945年9月5号开始播音的延安新华广播电台。1949年12月5号改为现名。简称"中央台"。

2. 中央电视台

原名北京电视台。1958年5月1号开始实验播报,同年9月2号正式播报。1978年5月6号改为现名。目前中央电视台播出8套节目,每天平均播出160多个小时的节目。节目能覆盖全球98%的国家和地区。简称"央视"。

背 景 知 识

1. 广播电视新闻

广播电视新闻是广播电视节目的骨干和代表,也是人们了解国内外时事、获得信息的主要途径之一。

广播新闻分为广义和狭义(xiáyì)两种。广播电台播出的所有消息、通讯、新闻特写、专访、录音报道等,都属于(shǔyú)广义的广播新闻。而广播消息则称狭义新闻。

电视新闻是凭借(píngjiè)电视媒介(méijiè)传播的新闻。它通过图像和解说把信息告诉观众。广义的电视新闻包括所有的电视新闻节目,狭义的电视新闻专指消息。

2. 主要的广播电视新闻栏目

中央人民广播电台和中央电视台的主要新闻栏目如下:

广播新闻
- 新闻和报纸摘要(简称"新闻报摘")
- 各地人民广播电台联播(简称"全国联播")
- 国内新闻
- 国际新闻
- 国内外要闻
- 简明新闻
- 新闻节目
- 新闻和评论
- 体育节目

电视新闻
- 早间新闻
- 新闻
- 新闻 30 分
- 新闻联播
- 现在播报
- 中国新闻 60 分
- 体育新闻
- 中国新闻
- 军事报道
- 农业新闻
- 中国财经(cáijīng)报道

语言知识与听力训练

1. 广播电视新闻的开头话和结束语

广播电视新闻开始时一般都有音乐、问候语、电台或电视台节目以及新闻提要简介。如"各位听众,早上好! 中央人民广播电台,现在是'新闻和报纸摘要节目时间。'""观众朋友们,晚上好!""首先请看内容提要。""下面请听这次节目的详细内容。"

新闻节目结束的时候,除了介绍作者、编辑和播音员以外,一般还要再播一遍内容提要,说一些告别和祝愿的话。如"刚才播送的是……,由×××、×××编辑,×××、×××播送的","欢迎您继续收听(看)×××的其他节目","感谢您收看,下次再见!""祝愿您一天工作愉快!"

2.“提要”的作用

　　播报新闻的时候,播音员往往要说“这次节目的主要内容有”、“首先请看内容提要”一类的话。这类话就像一张报纸的新闻标题,一本书前面的目录(mùlù)一样,对人们具有提示、引导作用。以便于听众或观众更好地掌握当天的新闻要点。

第 二 课

生 词

1. 降水概率		jiàngshuǐ gàilǜ	the probability of precipitation
2. 版面	(名)	bǎnmiàn	space of a whole page
3. 社论	(名)	shèlùn	editorial; leading article
4. 盛大	(形)	shèngdà	grand; magnificent
5. 万岁	(动、名)	wànsuì	long live
6. 致以	(动)	zhìyǐ	extend; deliver
7. 刊登	(动)	kāndēng	publish in a newspaper or magazine
8. 公民	(名)	gōngmín	citizen
9. 贺卡	(名)	hèkǎ	congratulatory card
10. 富强	(形)	fùqiáng	prosperous and strong
11. 海(内)外	(名)	hǎi(nèi)wài	overseas; abroad/home; throughout the country
12. 爱国		àiguó	love one's country; be patriotic
13. 同胞	(名)	tóngbāo	compatriot
14. 祝愿	(动)	zhùyuàn	wish
15. 昌盛	(形)	chāngshèng	prosperous
16. 党	(名)	dǎng	political party; the Party (the Communist Party of China)
17. 华诞	(名)	huádàn	(honorific address) your birthday
18. 版	(量)	bǎn	page (of a newspaper)
19. 总理	(名)	zǒnglǐ	Prime Minister
20. 祝福	(动)	zhùfú	blessing; benediction
21. 不懈	(形)	búxiè	untiring; unremitting

22. 探索	（动）	tànsuǒ	explore；probe
23. 共产党	（名）	gòngchǎndǎng	The Communist Party
24. 拥有	（动）	yōngyǒu	possess；have；own
25. 业绩	（名）	yèjì	outstanding achievement
26. 广告	（名）	guǎnggào	advertisement
27. 摄影	（动）	shèyǐng	photography，take pictures
28. 预报	（动、名）	yùbào	forecast
29. 间	（动）	jiàn	separate

专　名

1. 江泽民	Jiāng Zémín	name of a person
2.《人民日报》	《Rénmín Rìbào》	name of a newspaper
3.《经济日报》	《Jīngjì Rìbào》	name of a newspaper
4.《光明日报》	《Guāngmíng Rìbào》	name of a newspaper
5.《中国青年报》	《Zhōngguó Qīngniánbào》	name of a newspaper
6.《北京日报》	《Běijīng Rìbào》	name of a newspaper
7. 国务院	Guówùyuàn	The State Council
8. 朱镕基	Zhū Róngjī	name of a person

练　习

一、常见词组

盛大	刊登	探索	拥有
盛大宴会	刊登照片	探索问题	拥有房屋
盛大招待会	刊登社论	探索规律	拥有草地
盛大仪式	刊登地图	探索道路	拥有粮食
特别盛大	刊登消息	继续探索	拥有资料
显得盛大	开始刊登	认真探索	希望拥有

二、听完范句,简要回答问题

1. 江泽民主席发表什么?

2. 各大报纸刊登了什么?

3.《光明日报》刊登了什么?

4. 现在在介绍什么?

5. 他们祝愿祖国怎么样？

6. 谁在天安门上发表讲话？

7. 什么报纸发表了《祖国万岁》的社论？

8. 谁向全国各族人民致以节日祝贺？

9. 哪家报纸刊登了一位公民的贺卡？

10. 今天白天北京会下雨吗？

三、听完课文一，判断正误

1. 广播电台播报了 10 月 1 号的新闻提要。（　　）

2. 这一年的 10 月 1 号是新中国的 50 岁生日。（　　）

3. "新闻联播"是电视台的一个节目。（　　）

4. 党和国家领导人在天安门上发表讲话。（　　）

5. 首都各界群众向海内外爱国同胞致以节日祝贺。（　　）

6. 电视台祝愿祖国更加繁荣昌盛。（　　）

7. "今天是新中国 50 岁生日"跟"今天是祖国 50 年华诞"这两句话的意思不一样。（　　）

8. 电视台感谢观众收看"新闻联播"节目。（　　）

四、听完课文二，选择正确答案

1. A. 3 家　　　　　　　　　B. 4 家
   C. 5 家　　　　　　　　　D. 两家

2. A.《人民日报》　　　　　B.《北京晚报》
   C.《经济日报》　　　　　D.《中国青年报》

3. A.《经济日报》　　　　　B.《光明日报》
   C.《首都日报》　　　　　D.《人民日报》

4. A. 第二版　　　　　　　　B. 第一版
   C. 第十版　　　　　　　　D. 第四版

5. A. 社论和文章　　　　　　B. 讲话和消息
   C. 贺卡和照片　　　　　　D. 摄影和广告

6. A. 祝祖国繁荣富强　　　　B. 祝人民站了起来
   C. 祝祖国成立 50 年　　　D. 祝愿祖国 50 年华诞

7. A. 祝愿祖国更美好的贺卡　B. 一些城市的天气预报
   C. 社论的主要内容　　　　D. 朱总理讲话的全文

8. A. 一、二、三、四版　　　B. 四、二、一、五版
   C. 一、二、四版　　　　　D. 二、四、六版

五、听完课文三, 填空

　　电视台刚才预报了①_____的天气情况。今天早上, 风力②_____级, ③_____, 多云间晴, 最高气温④_____, 下班的时候, 天气⑤_____, 降水概率⑥_____, 夜间⑦_____。

六、听完广播、看完电视以后, 介绍地图中几个城市的天气情况

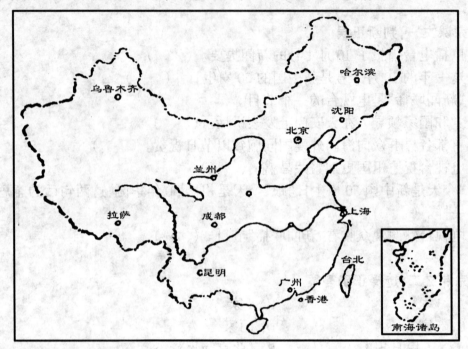

 听 前 提 示

1. 党

　　政党的简称。在中国一般特指中国共产党。

2. 国务院

　　中华人民共和国国务院的简称, 就是中国的中央人民政府。它是中国最高国家行政机关。由总理、若干名副总理、国务委员、各部部长、各委员会主任、审计长(shěnjìzhǎng)、秘书长等人组成。

背 景 知 识

1. 中国的现代报纸

中国现有报纸 1902 种(1998 年)。

按内容可分为:综合性报纸,如《人民日报》、《山西日报》,专业性报纸,如《工人日报》、《中国青年报》、《中国体育报》、《中国妇女报》等;

按主管部门和主要读者对象分为:全国性报纸,如《人民日报》、《经济日报》、《光明日报》等,地方性报纸,如《河北日报》、《保定日报》、《黑龙江日报》等。地方报纸多用地名做报名。

按出版时间分为"晨报"、"晚报"、"日报"、"月报"等。如《北京晨报》、《新民晚报》、《北京日报》、《新华月报》等。

按报纸篇幅(piānfú)大小,还可分为"大报"和"小报"等。

2. 电视新闻的种类

根据电视新闻的体裁(tǐcái)和题材(tícái)内容进行分类,是常见的两种方法。具体分类如下表:

体裁分类
- 消息
- 连续报道
- 系列报道
- 专题
- 评论

题材分类
- 时政(shízhèng)新闻
- 经济新闻
- 文教新闻
- 社会新闻

语言知识与听力训练

1. 广播电视语言与报刊语言的区别

广播电视语言是供人们听的,属于(shǔyú)口语。报刊语言是让人们看的,属于书面语。两种语体(yǔtǐ)虽然有许多共同点,但也有明显区别。

① 广播电视新闻接近口语谈话,自由、活泼、亲切,有谈话风格(fēnggé);报刊新闻离口语谈话远,简洁(jiǎnjié)、工整(gōngzhěng),有文章风格。② 广播电

视语言的词义详细,让人充分明白;报刊用语词少而意多,让人感到简洁。③ 广播电视新闻悦耳动听;报刊新闻赏心悦目。

2. 激发兴趣是提高学习效率的基本条件

兴趣是人们对事物爱好的一种情绪(qíngxù)。也是激发学生积极主动学习的基本条件。实践表明,一个人只要对他想做的事情有浓厚的兴趣,就会毅力(yìlì)大增,激发出极大的聪明才智(cáizhì)。不但能做出一般的成绩,而且有可能超出一般人的水平。对听汉语一旦产生了兴趣,就有了提高听力理解水平的前提条件。兴趣可以促进学习,提高学习效率。兴趣越高,学习的主动性、积极性就越大,效率也会提高得更快。

第 三 课

生 词

1. 亿万	（数）	yìwàn	millions upon millions
2. 食粮	（名）	shíliáng	grain；food
3. 覆盖	（动）	fùgài	cover
4. 播音员	（名）	bōyīnyuán	announcer
5. 主持人	（名）	zhǔchírén	host or hostess
6. 持证		chízhèng	take credentials；hold certificate
7. 上岗	（动）	shànggǎng	work
8. 规范	（名、动）	guīfàn	standard；norm；standardize
9. 支柱	（名）	zhīzhù	pillar；mainstay
10. 焦点	（名）	jiāodiǎn	focus；central issue
11. 访谈	（动）	fǎngtán	interview
12. 话题	（名）	huàtí	topic
13. 引人注目	（成）	yǐnrén-zhùmù	noticeable；spectacular；eye-catching
14. 村	（名）	cūn	village
15. 大力	（副）	dàlì	energetically；rigorously
16. 厅局长	（名）	tīng-júzhǎng	head of office
17. 社会新闻		shèhuì xīnwén	social news
18. 科技	（名）	kējì	science and technology
19. 播出	（动）	bōchū	broadcast
20. 贴近	（动）	tiējìn	press close to；nestle up against
21. 末	（名）	mò	end
22. 信息	（名）	xìnxī	message；information
23. 来源	（名）	láiyuán	source；origin
24. 社会主义	（名）	shèhuìzhǔyì	socialism

25. 诞生	（动）	dànshēng	be born; come into being; emerge
26. 栏目	（名）	lánmù	column
27. 普通话	（名）	pǔtōnghuà	Putonghua
28. 测试	（动、名）	cèshì	test; measure; survey
29. 心目	（名）	xīnmù	mind; mental view
30. 评论	（动、名）	pínglùn	comment; review

专　名

1. 李岚清	Lǐ Lánqīng	name of a person
2. 中国国际广播电台	Zhōngguó Guójì Guǎngbō Diàntái	China Radio International（CRI）
3. 北京广播学院	Běijīng Guǎngbō Xuéyuàn	Beijing Broadcasting Institute
4. 四川省广播电视厅	Sìchuān Shěng Guǎngbō Diànshì Tīng	The Radio and TV Department of Sichuan Province

练　习

一、常见词组

覆盖	规范	测试	贴近
覆盖城市	规范行动	测试成绩	贴近生活
覆盖地面	规范纪律	测试水平	贴近实际
覆盖道路	缺乏规范	测试性能(xìngnéng)	贴近群众
全部覆盖	符合规范	重视测试	继续贴近
开始覆盖	汉语规范	细心测试	经常贴近

二、听完范句，简要回答问题

1. 什么东西已经成为人民群众的精神食粮？
2. 什么节目能覆盖全世界98％的国家和地区？
3. 什么语言能影响全社会的语言规范？
4. 哪种人大概占55.1％？
5. 哪些人应该持证上岗？

6. 哪类节目特别引人注目？

7. 电视台应该把什么节目放在突出位置？

8. 中国广播电视最近几年的发展目标是什么？

三、听完课文一,判断正误

1. 广大观众都喜欢看电视新闻评论节目。（　　）

2. 广播电台和电视台早就把新闻节目放在了最突出的位置。（　　）

3. "焦点访谈"不是观众最喜欢的电视新闻评论栏目。（　　）

4. 全国广播电视厅局长会议对各地广播电视部门提出了要求。（　　）

5. 观众希望看社会新闻和体育新闻的要求已经得到了满足。（　　）

6. 会议要求新闻报道要更加贴近群众和实际。（　　）

7. 目前农村已经能看到几十套电视节目。（　　）

8. 中国要在20世纪末基本实现村村通广播电视的目标。（　　）

9. 中国广播电视厅局长要求大力加强和突出新闻节目。（　　）

10. 这条消息报道了全国广播电视厅局长会议的主要内容。（　　）

四、听完课文二,填空

1. 中国电视事业诞生在①＿＿＿＿年。经过②＿＿＿＿,现在中央电视台已经有③＿＿＿＿套节目,每天播出④＿＿＿＿小时,节目能覆盖全世界⑤＿＿＿＿的国家和地区。现在,电视已经成为⑥＿＿＿＿观众的精神食粮。

2. 中国电视事业取得了巨大①＿＿＿＿。广大观众不但爱看②＿＿＿＿、"焦点访谈"、"综艺大观"等栏目,每天还可以从电视中得到许多③＿＿＿＿。电视为中国的社会主义建设和改革开放作出了重要④＿＿＿＿。

五、听完课文三,选择正确答案

1. A. 中国国际广播电台　　　　　　B. 中央电视台
   C. 北京广播学院　　　　　　　　D. 中央广播学院

2. A. 参加普通话水平测试　　　　　B. 实行持证上岗
   C. 推广普通话　　　　　　　　　D. 制定持证上岗措施

3. A. 中央电视台的人　　　　　　　B. 四川省广播电视厅的人
   C. 中央人民广播电台的人　　　　D. 中国国际广播电台的人

4. A. 电视部门的负责人　　　　　　B. 组织普通话水平测试的人
   C. 广播学院的人　　　　　　　　D. 播音员和节目主持人

5. A. 广播电视语言　　　　　　　　B. 广播电视
   C. 各地广播电视厅　　　　　　　D. 播音员和节目主持人

6. A. 汉语普通话　　　　　　　　B. 持证上岗措施
　　C. 普通话水平测试　　　　　　D. 学习社会语言规范措施

六、听完下列语段,判断正误

1. 这段话表明中国国际广播电台和听众关系很密切。(　　)
2. 这段话说明中国人都很关心新闻。(　　)
3. 播音时间最长的记录是意大利人创造的。(　　)

七、听完课外听力材料,介绍主要内容

 听　前　提　示

1. 焦点访谈

　　中央电视台一个以舆论(yúlùn)监督为特色的电视评论栏目。1994 年 4 月 1 号开播以来,紧紧围绕社会各界关注的焦点问题,通过事实深入进行剖析(pōuxī)和评论,深受观众喜欢和领导重视。朱镕基总理称它是"舆论监督,群众喉舌,政府镜鉴,改革尖兵。"每天 19:38 播出,每期 13 分钟。

2. 村村通广播电视

　　1998 年,广电总局提出工作目标,到 2000 年底,基本实现村村通,让全国的行政村都能听到广播,看到电视,并使一般的农村也能看到电视。

背　景　知　识

1. 中国广播电视状况

　　广播电视是现代化的大众传播工具。具有快速传播信息,鼓舞和教育人民群众、密切联系政府和人民群众的作用。

　　1923 年,中国广播在上海诞生。1958 年,中国有了第一家电视台。经过几十年的发展,广播电视规模(guīmó)迅速扩大,技术设备不断完善(wánshàn),节目内容日益丰富。到 1999 年末,广播综合(zōnghé)人口覆盖率 90.4%,电视综合人口覆盖率 91.6%。全国有线电视用户 7700 万户。20 世纪末基本实现"村村通广播电视"。与此同时,中国广播电视还覆盖了全世界 98% 以上的国家和地区,成为各国人民了解中国的重要窗口。

2. 北京市民读报最关注新闻

一项调查表明,北京市民读报的时候最关心新闻。经常阅读下面内容的被调查者所占比例(bǐlì)如下表:

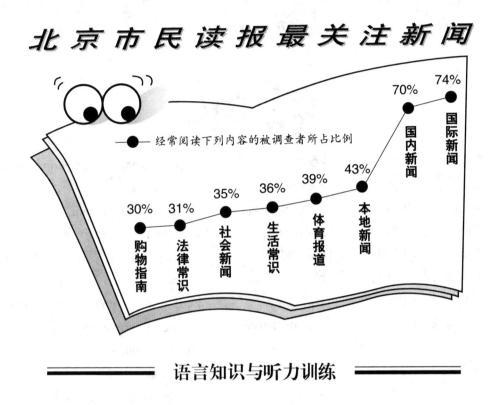

北京市民读报最关注新闻

● —— 经常阅读下列内容的被调查者所占比例

购物指南	法律常识	社会新闻	生活常识	体育报道	本地新闻	国内新闻	国际新闻
30%	31%	35%	36%	39%	43%	70%	74%

━━━ 语言知识与听力训练 ━━━

1. 普通话

现代汉语的标准语。中国汉民族的共同语,中国的通用语。它以北京语音为标准音,以北方话为基础方言,以典范(diǎnfàn)的现代白话文著作(zhùzuò)为语法规范。台湾省把它叫做"国语",海外华人(huárén)把它叫做"华语"。

2. 大力培养经常听的好习惯

习惯是经过反复实践和训练形成的一种自觉需要的行动。学习语言,培养良好的学习习惯非常重要。经常收听(看)课文录音、汉语广播和电视或其他语料,培养汉语语感,并把听力训练跟口语、阅读、写作练习联系起来,形成经常听,自觉听的好习惯,就能大大提高汉语听力理解水平。

第四课

生 词

1. 开幕	（动）	kāimù	open; inaugurate(meeting, etc.)
2. 课间	（名）	kèjiān	class break
3. 研究生	（名）	yánjiūshēng	postgraduate student
4. 招收	（动）	zhāoshōu	recruit; take in
5. 宽松	（形）	kuānsōng	ease; relaxed
6. 必须	（助动）	bìxū	must
7. 造就	（动、名）	zàojiù	bring up; train; achievements
8. 德智体美		dé-zhì-tǐ-měi	morality, intelligence, physique and aesthetics
9. 接班人	（名）	jiēbānrén	successors
10. 推进	（动）	tuījìn	carry forward; push on
11. 素质教育		sùzhì jiàoyù	quality-oriented education
12. 入学	（动）	rùxué	enter school
13. 冉冉	（形）	rǎnrǎn	slowly; gradually
14. 爱国主义	（名）	àiguózhǔyì	patriotism
15. 校园	（名）	xiàoyuán	school yard; campus
16. 学科	（名）	xuékē	subject; course
17. 书面	（名）	shūmiàn	in writing; in written form
18. 期末	（名）	qīmò	end of semester
19. 国防	（名）	guófáng	national defence
20. 禁毒	（动）	jìndú	ban drugs
21. 书法	（名）	shūfǎ	calligraphy
22. 计算机	（名）	jìsuànjī	computer
23. 专题	（名）	zhuāntí	special subject; special topic

18

24. 自治区	（名）	zìzhìqū	autonomous region
25. 直辖市	（名）	zhíxiáshì	municipality; municipality directly under the Central Government
26. 深化	（动）	shēnhuà	deepen
27. 思想	（名）	sīxiǎng	thinking; thought
28. 培养	（动）	péiyǎng	cultivate; foster
29. 复合型		fùhéxíng	compound-pattern
30. 硕士	（名）	shuòshì	Master
31. 本科	（名）	běnkē	undergraduate course

专 名

1. 中共中央	Zhōnggòng Zhōngyāng	The Central Committee of the Chinese Communist Party
2. 北京八中	Běijīng Bāzhōng	Beijing No.8 Middle School
3. 上海市教委	Shànghǎi Shì Jiàowěi	Shanghai Education Committee
4. 江苏省无锡市	Jiāngsū Shěng Wúxī Shì	name of a place

练 习

一、常见词组

造就	推进	深化	培养
造就人才	推进学习	深化改革	培养人才
造就模范	推进改革	深化认识	培养学生
造就新人	推进建设	深化矛盾(máodùn)	培养干部
开始造就	可以推进	不断深化	培养接班人
真正造就	准备推进	改革深化	大力培养

二、听完范句,判断正误

1. 这次全国教育工作会议是中共中央、国务院召开的。（   ）

2. 小学的课间休息时间现在比原来增加了两分钟。（   ）

3. 中国研究生今年招收人数没有明年多。（   ）

4. 从明年开始,中国的中小学生会有一个更宽松的学习环境。（   ）

5. 只有德智体美全面发展的人,才能成为社会主义事业的合格建设者。（   ）

6. 全社会已经形成了全面进行素质教育的良好条件。（　　）

7. 现在的中国研究生都不交学费。（　　）

8. "德智体美"跟德育、智育、体育、美育的意思一样。（　　）

9. 今天的"范句"一共有 9 句话。（　　）

10. 李岚清同志作了报告。（　　）

三、听完课文一，选择正确答案

1. A. 全国中小学 　　　　　　　　B. 江苏省无锡中学
   C. 北京八中 　　　　　　　　　D. 上海市高中

2. A. 浓浓的爱国主义气氛 　　　　B. 全面推行素质教育的气氛
   C. 浓浓的宽松学习气氛 　　　　D. 庄严的国防教育气氛

3. A. 全面推行素质教育 　　　　　B. 取消期末考试
   C. 增加专题教育 　　　　　　　D. 减少课外书面作业

4. A. 比原来增加了 12 分钟 　　　B. 现在减少了两分钟
   C. 现在跟原来没有变化 　　　　D. 现在比原来多了两分钟

5. A. 小学一二年级学生 　　　　　B. 初中学生
   C. 高中学生 　　　　　　　　　D. 所有中小学生

6. A. 减少每节课的时间 　　　　　B. 限制高中学生的作业量
   C. 进行专题教育 　　　　　　　D. 每星期增加 5 节课

7. A. 传统道德 　　　　　　　　　B. 学科研究
   C. 国防和书法 　　　　　　　　D. 禁毒和健康

8. A. 北京市 　　　　　　　　　　B. 四川省
   C. 江苏省 　　　　　　　　　　D. 山东省

9. A. 上海市 　　　　　　　　　　B. 无锡市
   C. 四川省 　　　　　　　　　　D. 江苏省

10. A. 4 个 　　　　　　　　　　　B. 9 个
    C. 8 个 　　　　　　　　　　　D. 5 个

四、听完课文二，判断正误

1. 这是一条报道会议情况的新闻。（　　）

2. 朱镕基总理提出了努力造就社会主义事业建设者和接班人的要求。（　　）

3. 江泽民总书记作了工作报告。（　　）

4. 各省、自治区、直辖市的主要负责人参加了全国教育工作会议。（　　）

5. 教育部门和一些学校的负责人听了李岚清同志的报告。（　　）

6. 江泽民强调,学生应该德智体美全面发展。(　　)

7. 现在全社会已经创造了推行素质教育的良好条件。(　　)

8. 全面推行素质教育是人才培养方式的重大改革。(　　)

9. 这次教育工作会议是今天在北京开幕的。(　　)

10. 这条消息提到了4位领导人的名字。(　　)

五、听完课文三,回答问题

1.

2.

3.

4.

5.

6.

六、听完课外听力材料,介绍主要内容

听 前 提 示

1. 中共中央

中国共产党中央委员会的简称。也称"党中央"。在党的全国代表大会闭会(bìhuì)期间,它执行全国代表大会的决议(juéyì),领导党的全部工作,对外代表中国共产党。每届中央委员会任期5年。

2. 素质教育

人才素质包括思想道德素质、文化素质、专业素质和身体心理素质4个方面。素质教育,就是全面贯彻党的教育方针,以提高国民素质为根本宗旨(zōngzhǐ),以培养学生的创新精神和实践能力为重点,倡导(chàngdǎo)尊重学生身心发展特点和教育规律,使学生生动活泼、积极主动地得到发展,造就"有理想、有道德、有文化、有纪律"的德智体美全面发展的社会主义事业建设者和接班人。

3. 五星红旗

中华人民共和国国旗的别称(biéchēng)。旗面红色,长方形。旗面上有5颗黄色的五角星,所以人们形象地称它为"五星红旗"。同样的道理,人们把美国国旗称做"星条旗",把英国国旗称做"米字旗",把韩国国旗称做"太极旗"。

1. 中国现代教育状况

中国现代教育,主要由基础教育、中等职业教育、高等教育和成人教育4部分组成。1999年有小学生1.4亿人,普通中学生6862万人,中等职业学校学生1443万人,普通大学生413万人,硕士研究生23万人,成人高校生306万人。各级各类学校共有教师1022万人。

根据科教兴国的战略,目前中国正在深化教育改革,全面推进素质教育,提高全国人口受教育的年限,扩大高校招生人数,逐步建立起终身学习体系(tǐxì),造就大批"有理想、有道德、有文化、有纪律"的德智体美等全面发展的社会主义事业建设者和接班人。

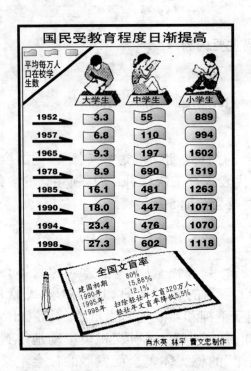

国民受教育程度日渐提高

平均每万人口在校学生数	大学生	中学生	小学生
1952	3.3	55	889
1957	6.8	110	994
1965	9.3	197	1602
1978	8.9	690	1519
1985	16.1	481	1263
1990	18.0	447	1071
1994	23.4	476	1070
1998	27.3	602	1118

全国文盲率
建国初期 80%
1990年 15.88%
1995年 12.1%
1998年 扫除青壮年文盲320万人,青壮年文盲率降低5.5%

肖永英 林平 曹文忠制作

2. 广播电视对推广普通话、促进语言规范的作用

广播电视播音员和主持人,每天在用普通话向亿万人民传递(chuándì)信息的同时,也同老师、演员、作家一样,担负着语言教育和示范的任务。他们的语言,对推广普通话,规范全社会的语言,提高全民族的语言文字水平起着重要作用。人们亲切的把广播电视称做学习普通话的"大课堂",把播音员、主持人称做"好老师"。

1. 推广普通话

推广汉语普通话,是一件有利于提高全民族文化教育水平,增强民族团结、繁荣经济、加强国际交往的重要工作。新中国成立以后,从50年代起,在全国范围内大力推广普通话。后来又在《宪法(xiànfǎ)》中规定:"国家推广全国通用的普通话。"20世纪80年代确定(quèdìng),到世纪末的工作目标是:普通话成为各级各类学校的教学语言,成为各级各类机关的工作语言,成为广播、电视、电影的宣传语言,成为在公共场合交往的通用(tōngyòng)语言。

2. 朱彤学英语的启示

朱彤是中国外交部的高级英语翻译。曾多次在重大外交活动和国事活动中担任党和国家领导人的译员,出色地完成了任务。她没有到外国留学的经历,在大学的时候,她的听力也不太好。但她按老师的要求强化(qiánghuà)听力练习。她在听了1000多个小时的训练磁带以后,听力有了质(zhì)的提高。

有位语言学家说:"学习语言就是实践,再实践,其他方法是没有用处的。"了解了朱彤的经验,许多学外语的大学生都说:"学外语的,就该像她这样。"

第 五 课

生 词

1. 注册	（动）	zhùcè	register
2. 教授	（动）	jiāoshòu	teach; instruct
3. 发源地	（名）	fāyuándì	place of origin
4. 研制	（动）	yánzhì	develop; prepare
5. 确认	（动）	quèrèn	affirm; confirm
6. 随着	（介）	suízhe	along with
7. 国力	（名）	guólì	national power
8. 壮大	（动、形）	zhuàngdà	grow in strength
9. 公立		gōnglì	public; established and maintained by the government
10. 应聘	（动）	yìngpìn	accept a job offer
11. 博士	（名）	bóshì	doctor('s degree)
12. 人次	（量）	réncì	person-time
13. 参赞	（名）	cānzàn	counsellor
14. 数以百计		shù yǐ bǎi jì	count by hundreds
15. 汉学家	（名）	hànxuéjiā	Sinologist
16. 企业家	（名）	qǐyèjiā	enterpriser
17. 开创者	（名）	kāichuàngzhě	starter; initiator
18. 教授	（名）	jiàoshòu	professor
19. 年富力强	（成）	niánfù-lìqiáng	in the prime of life; in one's prime
20. 朝气蓬勃	（成）	zhāoqì-péngbó	full of youthful spirit; full of vigour and vitality
21. 课堂	（名）	kètáng	classroom
22. 良师益友	（成）	liángshī-yìyǒu	good teacher and helpful friend

23. 编写	（动）	biānxiě	compile; compose
24. 发行	（动）	fāxíng	issue; distribute; put on sale
25. 设立	（动）	shèlì	establish; found
26. 机构	（名）	jīgòu	organization
27. 交往	（动）	jiāowǎng	association; contact
28. 蓬勃	（形）	péngbó	vigorous; flourishing
29. 开设	（动）	kāishè	open（a shop; factory; etc）
			offer（a course in college）
30. 统计	（动、名）	tǒngjì	add up; count; statistics

专　名

1. 北京语言文化大学	Běijīng Yǔyán Wénhuà Dàxué	Beijing Language and Culture University
2.《世界汉语教学》	《Shìjiè Hànyǔ Jiàoxué》	name of a magazine
3.《语言教学与研究》	《Yǔyán Jiàoxué Yǔ Yánjiū》	name of a magazine
4.《中国文化研究》	《Zhōngguó Wénhuà Yánjiū》	name of a magazine
5. 澳大利亚	Àodàlìyà	Australia
6. 法国	Fǎguó	France
7. 韩国	Hánguó	South Korea
8. 泰国	Tàiguó	Thailand
9.《中国教育报》	《Zhōngguó Jiàoyù Bào》	name of a newspaper

练　习

一、常见词组

研制	编写	壮大	发行
研制飞机	编写节目	壮大国力	发行杂志
研制产品	编写教材	壮大经济	发行报纸
研制卫星	编写练习	壮大工业	发行邮票
支持研制	集体编写	壮大队伍	银行发行
积极研制	组织编写	不断壮大	扩大发行

二、听完范句,回答问题

1. 这所学校的主要教学任务是什么?
2. 对外汉语教学理论诞生在哪个学校?
3. 中国把什么考试确认为国家级考试?
4. 为什么汉语在世界上的影响越来越大?
5. 哪一年注册学习汉语的学生可能少一点儿?
6. 哪个国家计划在全国公立学校开设汉语课?
7. 这所学校为多少个国家和地区培养了5万多汉语人才?
8. 这所大学的部分老师每年出国做什么?

三、听完课文一,简要回答问题

1. 你们听到了哪所大学的情况介绍?
2. 哪类留学生可以到北京语言文化大学学习?
3. 什么人成为留学生的"良师益友"?
4. 越来越多的国家欢迎中国的哪种考试?
5. 最后一部分介绍了这所学校哪方面的情况?
6. 这里介绍了北京语言文化大学哪几个方面?

四、重听课文一,判断正误

1. 北京语言文化大学的学习和生活环境很优美。(　　)
2. 这所大学每年接收5000多名外国留学生。(　　)
3. 这所大学的主要任务,是教授外国留学生汉语和中华文化。(　　)
4. 160多个国家和地区的学生在这所大学学习过。(　　)
5. 他们为40多个国家培养了几百名部长和企业家。(　　)
6. 这是一所世界上汉语老师人数最多的大学。(　　)
7. 老师们都是有丰富经验的教授和副教授。(　　)
8. 北京语言文化大学非常重视科研和教材编写工作。(　　)
9. 《世界汉语教学》等杂志已经发行到19个国家和地区。(　　)
10. 20多个国家和地区的大学或研究机构跟北京语言文化大学有合作关系。
(　　)
11. 课文从5个方面介绍了这所大学的情况。(　　)
12. 课文没有介绍这所学校的科研和国际交往情况。(　　)

五、听完课文二,选择正确答案

1. A. 新中国成立的时候　　　　　B. 改革开放以来
   C. 50年代　　　　　　　　　　D. 60年代

2．A．3.5 倍　　　　　　　　　　B．34.7 倍

　　C．4.5 倍　　　　　　　　　　D．7.3 倍

3．A．32 所　　　　　　　　　　B．80 所

　　C．300 多所　　　　　　　　D．347 所

4．A．法国　　　　　　　　　　　B．泰国

　　C．澳大利亚　　　　　　　　D．美国

5．A．76 所　　　　　　　　　　B．68 所

　　C．30 多所　　　　　　　　　D．40 多所

6．A．中国　　　　　　　　　　　B．德国

　　C．法国　　　　　　　　　　　D．泰国

7．A．公立中学　　　　　　　　B．国立大学

　　C．公立小学　　　　　　　　D．公立商业学校

8．A．5 个国家　　　　　　　　B．4 个国家

　　C．7 个国家　　　　　　　　D．6 个国家

六、听完课外听力材料，介绍主要内容

　　　　　听　前　提　示

1．对外汉语教学

　　指对外国人进行的汉语教学，是一种外语教学。它的任务是教授学生汉语基础理论知识，训练和培养他们正确使用汉语进行社会交际的能力。对外汉语教学的对象多数是成年人。

2．中国汉语水平考试（HSK）

　　这是一种为测试母语非汉语者（包括外国人、华侨和中国国内少数民族人员）的汉语水平而设立的国家级标准化考试。包括基础、初中等和高等汉语水平考试。每年定期（dìngqī）在中国国内和海外举办。凡考试成绩达到规定标准者，可获得相应等级的《汉语水平证书》。

　　　　　　　　　　背　景　知　识

1．中国对外汉语教学事业概况

　　对外汉语教学在中国已有两千多年历史。早在唐代的时候就有数以千计的外国人来中国学习汉语和文化。

新中国的对外汉语教学开始于 1950 年。50 年来,它从无到有,从小到大,逐步形成了以学校教学为主,广播、电视、刊授、函授和网上教学等多渠道的办学体系。并在学科建设、办学规模、师资培养、教材编写、国际学术交流等方面取得了显著成绩,成为一门新型的学科。

目前中国有专门领导对外汉语教学的机构,全国有 300 多所大学和其他教学机构开展对外汉语教学,现在有专职教师 2500 多人,兼职教师 3000 多人。每年在校外国留学生有 40000 人左右。

2. 新闻联播

中央电视台的主要新闻节目之一。它通过视听结合的方式,播报国内外重大新闻,成为中国的"要闻总汇"。它每年播出上万条新闻,是党和国家向全国独立发布新闻的主要渠道之一。许多重大事件,特别是首都的重大新闻,都是第一次从这个节目播出的。

这个节目 1976 年 7 月 1 号开始试办。1978 年元旦固定在每天 19:00 ~ 19:30播出。它的收视率达到 80% 以上,收视观众有 7 亿多人。

语言知识与听力训练

1. 广播电视语言

广播语言是一种适应广播传播特点的有声语言,是一种说来上口、听来顺耳、使用规范的口语化语言。

电视语言除了跟广播共有的有声语言以外,还有能看到的各种图像、字幕、色彩和光影等,人们把它叫做"视觉语言"。

广播电视有声语言,是一种口语化语言,它对语音、词语、句式等的总要求是:通俗上口,响亮适听,优美动听。

2. 新闻听力课的性质和任务

新闻听力课是一门语言技能训练课。它的任务是帮助学习者熟悉和掌握汉语广播电视新闻常用词语、常用句式及其语言特点,加深(jiāshēn)对中国现实社会的认识和了解,提高新闻汉语听力理解水平。

新闻听力课,运用多种多样的练习方式,着重(zhuózhòng)培养学生的语言辨别能力、信息记忆和撷取(xiéqǔ)能力、内容理解和概括(gàikuò)能力、听力联想和猜测能力、综合(zōnghé)运用听力技能技巧能力等。

第 六 课

生 词

1. 变迁	（动、名）	biànqiān	changes
2. 缩影	（名）	suōyǐng	epitome；miniature
3. 多元化	（名）	duōyuánhuà	pluralization
4. 个性化	（名）	gèxìnghuà	individualization
5. 危房	（名）	wēifáng	dangerous house
6. 简易	（形）	jiǎnyì	simply constructed
7. 居住	（动）	jūzhù	live；reside
8. 体形	（名）	tǐxíng	bodily form；build
9. 款式	（名）	kuǎnshì	pattern；style
10. 思考	（动）	sīkǎo	think deeply
11. 跟踪	（动）	gēnzōng	follow the tracks of
12. 采访	（动）	cǎifǎng	cover；interview；（of a reporter）gather material
13. 茅草房	（名）	máocǎofáng	thatched cottage
14. 粗布	（名）	cūbù	coarse cloth
15. 手推车	（名）	shǒutuīchē	handcart；wheelbarrow
16. 儿媳妇	（名）	érxífu	daughter-in-law
17. 摩托车	（名）	mótuōchē	motorcycle
18. 驾驶	（动）	jiàshǐ	drive
19. 服饰	（名）	fúshì	dress；dress and personal adornment
20. 推向	（动）	tuīxiàng	push to
21. 服装	（名）	fúzhuāng	clothing；dress；costume
22. 设计师	（名）	shèjìshī	designer
23. 微乎其微	（成）	wēi hū qí wēi	very little；next to nothing

24. 料	（动、名）	liào	raw material
25. 奇装异服	（成）	qízhuāng-yìfú	exotic costume；bizarre dress
26. 绘画	（名）	huìhuà	painting
27. 审美	（动）	shěnměi	appreciation of the beautiful
28. 修养	（名）	xiūyǎng	accomplishment；training；mastery
29. 展示	（动）	zhǎnshì	show，exhibit
30. 相声	（名）	xiàngsheng	cross talk；comic dialogue

专 名

1. 汪阿金	Wāng Ājīn	name of a person
2. 吴海燕	Wú Hǎiyàn	name of a person
3. 朱天明	Zhū Tiānmíng	name of a person
4. 北京展览馆	Běijīng Zhǎnlǎnguǎn	Beijing Exhibition Hall
5. 浙江省	Zhèjiāng Shěng	name of a place
6. 《浙江日报》	《Zhèjiāng Rìbào》	Zhejiang Daily
7. 余杭市	Yúháng Shì	name of a place
8. 中国美术学院	Zhōngguó Měishù Xuéyuàn	China Art Institute
9. 中国服装集团公司	Zhōngguó Fúzhuāng Jítuán Gōngsī	China Clothing Group Corporation
10. 天津(市)	Tiānjīn(Shì)	name of a place
11. 马三立	Mǎ Sānlì	name of a person

练 习

一、常见词组

采访	思考	驾驶	展示
采访学校	思考问题	驾驶汽车	展示内容
采访经理	思考事情	驾驶飞机	展示技术
采访现场	经过思考	驾驶拖拉机(tuōlājī)	展示成绩
记者采访	喜欢思考	司机驾驶	展示面貌
取消采访	继续思考	船员驾驶	专门展示

二、听完范句,简要回答问题

1. 这些句子介绍了哪个农民的生活变化?
2. 这些句子重点介绍了哪些方面的情况?
3. 两位服装设计师的想法有什么不一样?
4. 50 年间中国服装的最大变化是什么?
5. 老两口的住房经历了怎样的变化?
6. 哪几个句子谈到了服装问题?

三、再听一遍范句,快速回答问题

1. 观众被什么吸引了?
2. 汪阿金的职业是什么?
3. "微乎其微"是什么意思?
4. 人们欢迎什么样的服装?
5. 10 年里老两口搬了几次家?
6. 人们对服装设计师有什么希望?
7. 谁更注意服装款式?

四、听完课文一,选择正确答案

1. A. 北京展览馆   B. 浙江省展览馆
   C.《浙江日报》大厅   D. 余杭市大厅
2. A. 报纸   B. 记者
   C. 照片   D. 实物
3. A. 22 年   B. 50 来年
   C. 70 多年   D. 39 年
4. A. 1972 年   B. 1982 年
   C. 1998 年   D. 1993 年
5. A. 买了摩托车,盖了瓦房   B. 有了小汽车和楼房
   C. 儿子结了婚,买了小汽车   D. 住房发生了巨大变化
6. A. 中国亿万农民都有了汽车和楼房   B. 记者们很注意跟踪采访
   C. 观众都爱看摄影照片   D. 亿万中国农民的生活有了很大变化

五、听完课文二,判断正误

1. 改革开放以前服装设计师的作用不大。( )
2. 朱天明就喜欢设计"奇装异服"。( )

3．中国 80 年代以前的服装设计师特别讲究节省布料。（　　）

4．1984 年,吴海燕获得了国际服装设计比赛的一等奖。（　　）

5．人们对服装款式的要求没有不一样的地方。（　　）

6．人们个性的不同是出现服装多元化的主要原因。（　　）

7．新一代设计师正在为人们设计多元化和个性化的服装。（　　）

8．在开放的环境中人们常把个性化服装看做"奇装异服"。（　　）

9．吴海燕把"以人为本"作为服装设计的根本原则。（　　）

10．吴海燕的最大愿望是把中国服饰文化推向世界。（　　）

11．这条消息重点介绍了老一代服装设计师的设计原则。（　　）

12．这条消息没有介绍两位设计师的现在工作单位。（　　）

六、听完课文三填空

　　天津市是中国的①＿＿＿＿＿大城市,50 年来,新建的住房面积比解放初增加了②＿＿＿＿＿倍。最近几年,又新建了 2000 多万平方米的③＿＿＿＿＿,让④＿＿＿＿＿多万居民住进了新居,进一步改善了人民群众的居住条件。

　　如今的天津市,短短 10 年,搬家公司就有了⑤＿＿＿＿＿家。不但相声演员⑥＿＿＿＿＿住进了有⑦＿＿＿＿＿和⑧＿＿＿＿＿的新建居民区,景大爷也搬进了⑨＿＿＿＿＿,买了新家具,成了花园式小区的新居民。

七、听完课外听力材料,介绍主要内容

听 前 提 示

1. 解放

　　原来的意思是推翻(tuīfān)反动统治。在中国特指 1949 年推翻国民党统治,成立中华人民共和国。

2. 景大爷

　　称呼(chēnghu)是一种文化现象,自古以来中国人在称呼别人的时候,采取"自称以谦称,称人以尊称"的原则。现代中国人的称呼有一种家庭化的倾向(qīngxiàng),往往把年长者称做"大爷、大娘(妈)、大哥、大嫂、大姑、大姐"等。凡比自己年岁大的人,前边常加"大"或"老大"等字,反之则加"小"。如"小弟、小妹"等。知道对方姓氏时,就在"大爷、大娘、大哥"前加上姓氏,如"景大爷"、"张大娘"、"刘大哥"等。

1. 中国城乡居民生活水平的巨大变化

　　新中国成立 50 多年来,城镇(chéngzhèn)居民的生活经历了贫困、温饱(wēnbǎo)、小康三个阶段,现在不仅达到丰衣足食,而且正向小康迈进。据统计,1998 年城镇居民每百户拥有彩电 105 台,洗衣机 91 台,电冰箱 76 台,空调器 20 台。分别比 1988 年增加 1 到 25 倍。

　　农村居民已经整体摆脱(bǎituō)贫困,其中 95% 以上的农民过上了温饱有余的生活,25% 的农民过上了小康生活。他们生活质量的提高主要表现在以下五个方面:一是食品质量明显提高;二是穿着更加舒适高档;三是居住状况极大变化;四是家庭日用品成倍增加;五是精神生活日益丰富。

2. 中国农村住房的变化

　　住房条件的改善,是反映人民生活巨变的重要标志。一首民谣(mínyáo)生动地记录了中国农村住房的巨大变化:"50 年代盖草房,60 年代盖土房,70 年代盖砖房,80 年代盖楼房,90 年代盖小洋楼。"

语言知识与听力训练

1. 电视的听觉语言和视觉语言

　　电视语言包括视觉语言和听觉语言两方面内容。视觉语言就是人们眼睛可以看得到的各类电视图像。它是电视传递信息的第一语言,包括字幕、色彩、角度、构图和运动等因素。

　　听觉语言指的是人们的耳朵可以听得到的各种电视声音因素,如同期声(tóngqīshēng)、解说声、人物对话、独白(dúbái)、音乐音响等。

　　视觉语言善于传播具体事物,再现某一事物特殊时间和空间拍下的外形或现场。图像难以表达的内容,就通过听觉语言说明事物本质,深化节目内容,更好地传递信息。

2. 听力技能训练的连贯性和阶段性

　　听力理解技能训练既有从初级到高级的连贯性,又有训练内容和重点各不相同的阶段性。就 4 年制本科生对外汉语教学来说,通常划分为初、中、高 3 个阶段。他们前后紧密相连,具有连贯性,又依据不同年级的教学目的,确定出阶段性的任务。阶段性包含在连贯性之中,搞好各阶段的技能训练,才能使听力理解水平循序渐进(xúnxù-jiànjìn),一步步提高。

初级阶段的听力技能训练,一般从训练汉语辨音、辨调和理解单句话语内容开始,逐步加强辨别能力、记忆储存(chǔcún)能力、联想猜测能力和初步概括能力训练,帮助学生主动运用已有的语言文化知识,深入理解文章的内容和意义,并初步形成收听汉语广播或录音的习惯。

中级阶段的听力技能训练,通过精听与泛听多种语体(yǔtǐ)语料的练习,着重提高撷取(xiéqǔ)主要信息能力、联想猜测能力、跳越障碍和综合概括能力,正确理解和掌握句子、语段和篇章的整体意思,并经常收听(看)汉语广播电视。

高级阶段的听力技能训练,启发引导学生运用各种听力技能技巧,激活已有的语言文化知识,听懂多种语体的讲话、新闻、对话及其一般的影视节目,能把握所听语料的结构层次、内容要点和中心意思,并能与人进行交际。

第 七 课

生　词

1. 成批	（名）	chéngpī	group by group; in batches
2. 购买	（动）	gòumǎi	purchase; buy
3. 轿车	（名）	jiàochē	car
4. 创立	（动）	chuànglì	found; originate
5. 组建	（动）	zǔjiàn	make up; build; organize
6. 前期	（名）	qiánqī	earlier stage
7. 总和	（名）	zǒnghé	sum; total
8. 飞跃	（动、名）	fēiyuè	leap
9. 靠拢	（动）	kàolǒng	draw close
10. 跨越	（动）	kuàyuè	stride across
11. 海湾	（名）	hǎiwān	bay; gulf
12. 海峡	（名）	hǎixiá	strait
13. 迎宾	（动）	yíngbīn	welcome guest; await the arrival of guest
14. 车费	（名）	chēfèi	fare
15. 排队	（动）	páiduì	queue
16. 场面	（名）	chǎngmiàn	scene; spectacle
17. 市民	（名）	shìmín	residents of a city; citizen
18. 行业	（名）	hángyè	trade; profession
19. 贷款	（名、动）	dàikuǎn	loan
20. 招手	（动）	zhāoshǒu	beckon; wave
21. 电脑	（名）	diànnǎo	computer
22. 公道	（形）	gōngdào	fair; reasonable
23. 体制	（名）	tǐzhì	system

24. 涌现	（动）	yǒngxiàn	emerge in large numbers; spring up
25. 档次	（名）	dàngcì	level; grade
26. 信号	（名）	xìnhào	signal
27. 乡镇企业		xiāngzhèn qǐyè	town and township enterprises
28. 党委	（名）	dǎngwěi	Party committee
29. 侧面	（名）	cèmiàn	side; aspect
30. 篇章	（名）	piānzhāng	sections and chapters; writings
31. 里程	（名）	lǐchéng	mileage; course of development
32. 高速公路		gāosù gōnglù	expressway

专　　名

1. 江苏省华西村	Jiāngsū Shěng Huáxī Cūn	name of a place
2. 上海强生汽车公司	Shànghǎi Qiángshēng Qìchē Gōngsī	name of a company
3. 长江	Cháng Jiāng	name of a river
4. 黄河	Huáng Hé	name of a river
5. 祥生汽车公司	Xiángshēng Qìchē Gōngsī	name of a company
6. 茅照海	Máo Zhàohǎi	name of a person
7. 杨国平	Yáng Guópíng	name of a person
8. 大众出租汽车公司	Dàzhòng Chūzū Qìchē Gōngsī	name of a company
9. 第一汽车集团公司	Dì-yī Qìchē Jítuán Gōngsī	name of a company
10. 吴仁宝	Wú Rénbǎo	name of a person
11. 沈阳（市）	Shěnyáng(Shì)	name of a place
12. 大连（市）	Dàlián(Shì)	name of a place
13. 南京（市）	Nánjīng(Shì)	name of a place
14. 南京长江大桥	Nánjīng Chángjiāng Dàqiáo	name of a bridge

练 习

一、常见词组

购买	创立	跨越	组建
购买汽车	创立公司	跨越障碍	组建机构
购买车票	创立学会	跨越海湾	组建队伍
购买水果	创立大业	跨越海峡	组建球队
国家购买	创立理论	跨越江河	正式组建
学校购买	建议创立	跨越时代	准备组建

二、听完范句,简要回答问题

1. 华西村一次就购买了多少辆小轿车?
2. 中国的第一家出租汽车公司是哪年创立的?
3. 谁支持杨国平组建大众出租汽车公司?
4. 怎样才能带动中国汽车工业飞跃?
5. 中国 60 年代前期大概生产了多少辆轿车?
6. 这些年市民坐出租车发生了什么变化?
7. 中国的桥梁建设出现了什么样的"飞跃"?
8. 现在人们坐出租车容易不容易?
9. 华西村只创造过成批购买汽车的记录吗?
10. 哪两类人坐出租车都方便了?

三、听完课文一,判断正误

1. 中国在 1931 年有了第一家出租汽车公司。(　　)
2. 50 年代中国大概有 200 辆出租汽车。(　　)
3. 50 年代中期,外宾坐出租车不用排队。(　　)
4. 上海的出租车有的用过 40 年。(　　)
5. 改革开放初期,上海市民招手就能坐上出租车。(　　)
6. 杨国平在 1988 年贷款组建了强生出租车公司。(　　)
7. 大众出租汽车公司首先提出了"服务第一"的口号。(　　)
8. 上海顾客非常欢迎出租车公司搞规范服务。(　　)
9. 上海的出租车行业从 70 年代初迅速发展起来了。(　　)
10. 1988 年开始,上海涌现出各种体制的出租车公司。(　　)
11. 这条消息通过 3 个人的经历介绍了中国出租汽车变化的历史。(　　)
12. 出租汽车现在已经成为中国农民的一种极为方便的交通工具。(　　)

四、听完课文二,把有关内容和数字填在表内

中国第一个轿车村的 基本情况	名　　　　称_____ 住　　　　户_____ 第一次购车时间_____ 个 人 轿 车 数_____ 集 体 轿 车 数_____ 成 批 购 车 时 间_____
中国轿车生产情况	1958 年_____ 1964 年_____ 60 年代前期_____
中国现有乡镇企业	

五、听完课文三,选择正确答案

1. A. 中国普通公路建设情况　　　B. 20 世纪八九十年代高速公路
　　　　　　　　　　　　　　　　　　建设情况

　　C. 中国各类交通设施建设情况　D. 中国的大桥建设成就

2. A. 20 世纪 80 年代末　　　　　B. 20 世纪最后 10 年
　　C. 1999 年底　　　　　　　　　D. 1968 年

3. A. 80000 公里　　　　　　　　 B. 11000 公里
　　C. 120 万公里　　　　　　　　D. 29000 公里

4. A. 87%　　　　　　　　　　　　B. 99%
　　C. 96%　　　　　　　　　　　D. 100%

5. A. 厦门　　　　　　　　　　　　B. 南京
　　C. 上海　　　　　　　　　　　D. 大连

6. A. 跨江跨海大桥　　　　　　　　B. 通往全国各地的公路
　　C. 覆盖各省、市和自治区的高速公路　D. 迎来了新阶段的集美公路大轿

六、听完课外听力材料,介绍主要内容

　　　　　　　　　　听 前 提 示

1. 长江与黄河

　　长江,中国的第一大河,全长 6300 公里。是中国东西方向的主要交通大河。

黄河是中国的第二大河,全长 5464 公里。长江与黄河都是中华民族的摇篮(yáolán),被称为中华民族的"母亲河"。

2."五一"、"十一"

5 月 1 号国际劳动节和 10 月 1 号国庆节的省称。

3.乡镇企业

中国农村乡、村或镇兴办与经营的集体所有制企业、部分农民联合的合作企业、其他形式的合作企业及个体企业等的总称。到 1998 年,乡镇企业有职工 1.35 亿人,总产值 69694 亿元,占中国国内生产总值的 1/3,财政收入的 1/4,出口创汇(chuànghuì)的 1/3。

背 景 知 识

1.中国汽车工业和汽车状况

旧中国不能制造汽车,当时所用的汽车都是进口的。经过 50 年的创业,中国汽车工业从无到有,逐步发展壮大起来。1994 年,我国把汽车工业作为国民经济的支柱产业。到 1998 年年底,全国共有汽车企业 107 家,汽车总产量 144 万辆,轿车产量 50.7 万辆。

全国汽车总数,1986 年为 360 万辆,1997 年增加到 1219 万辆。

全国出租汽车,1980 年只有 0.7 万辆,1997 年增加到 68 万辆。

到 2000 年,汽车总量计划满足国内市场 90% 以上的需要。其中轿车达到总量的 1/2 以上,基本满足个人家庭需要。

2.电视台的经济类新闻节目

中央电视台 8 频道(píndào)是以经济为主的综合频道。而农村信息则安排在 30 频道。主要栏目有"生活"、"商桥"、"电视购物"、"供求热线"、"金土地"、"经济半小时"、"中国财经报道"、"欢乐家庭"、"农村经济"、"农业教育"、"农业教育与科技"等。

━━━ 语言知识与听力训练 ━━━

1.经济新闻及其对语言的一些要求

经济新闻是有关国民经济、生产建设和人民群众的衣食住行,以及党和政府经济政策与经济人物方面的报道。它的内容广泛,专业知识强,非事件性新闻多。经济新闻在表现手法和语言运用方面,要求短小精悍(jīnghàn),以小见大;语言准确生动,雅俗共赏(yǎsú gòngshǎng),少用专业术语(shùyǔ),如果一定用"术语",应作通俗易懂的解释;精选数字,多用形象化说法,避免枯燥呆板(dāibǎn);选用生活中出现的新词,及时传达新信息。

2. 对外汉语教学听力等级量化要求

《高等学校汉语专业(对外)教学大纲》,是一份指导全国高等学校汉语言专业(即对外汉语教学专业)教学的文件。它对各年级的听力理解水平规定的具体指标(zhǐbiāo)如下:

一年级:收听生词不超过3%、无关键性语法现象、语速为160～180字/分钟的普通录音材料,正确理解率为80%以上。

二年级:收听生词不超过3%、语速为180～200字/分钟的记叙性听力材料,正确理解率为80%以上。

三年级:收听语速为180～240字/分钟、多种语体的听力材料,正确理解率为80%以上。

四年级:收听语速180～280字/分钟、多种语体的听力材料,正确理解率为80%以上。

第 八 课

生 词

1. 无比	（形）	wúbǐ	incomparable
2. 自豪	（形）	zìháo	proud
3. 女单	（名）	nǚdān	women's singles
4. 颁奖	（动）	bānjiǎng	award a medal
5. 当选	（动）	dāngxuǎn	get elected
6. 品牌	（名）	pǐnpái	brand
7. 董事长	（名）	dǒngshìzhǎng	chairman of the board
8. 球王	（名）	qiúwáng	king of football
9. 评选	（动）	píngxuǎn	choose through public appraisal
10. 东亚病夫		Dōngyà bìngfū	"sick man of East Asia"
11. 合法	（形）	héfǎ	legitimate; legal
12. 席位	（名）	xíwèi	seat (in a legislative assembly)
13. 舞台	（名）	wǔtái	stage
14. 翻天覆地	（成）	fāntiān-fùdì	earth-shaking
15. 健全	（动、形）	jiànquán	sound; perfect
16. 截止	（动）	jiézhǐ	end; close
17. 协会	（名）	xiéhuì	association
18. 指导员	（名）	zhǐdǎoyuán	instructor
19. 寿命	（名）	shòumìng	life-span
20. 竞技体育		jìngjì tǐyù	sports; athletics
21. 举重	（名）	jǔzhòng	weightlifting
22. 打破	（动）	dǎpò	break
23. 夺取	（动）	duóqǔ	seize
24. 金牌	（名）	jīnpái	gold medal

41

25. 实力	（名）	shílì	actual strength
26. 设施	（名）	shèshī	facilities
27. 荣誉	（名）	róngyù	honour; glory
28. 开创	（动）	kāichuàng	start; initiate
29. 领域	（名）	lǐngyù	realm; sphere; domain
30. 平凡	（形）	píngfán	ordinary; common
31. 含义	（名）	hányì	meaning
32. 决赛	（名）	juésài	finals
33. 期望	（动）	qīwàng	hope; expectation

专 名

1. 邓亚萍	Dèng Yàpíng	name of a person
2. 奥运会	Àoyùnhuì	the Olympic Games
3. 奥委会	Àowěihuì	the Olympic Committee
4. 李宁	Lǐ Níng	name of a person
5. 贝利	Bèilì	Beli name of a person
6. 容国团	Róng Guótuán	name of a person
7. 陈镜开	Chén Jìngkāi	name of a person
8. 乔丹	Qiáodān	Jordan name of a person
9. 萨马兰奇	Sàmǎlánqí	Samaranch name of a person
10. 乔红	Qiáo Hóng	name of a person
11. 洛桑	Luòsāng	Lausunne name of a place

练 习

一、常见词组

评选	健全	打破	夺取
评选(积极)分子	机构健全	打破记录	夺取金牌
评选(优秀)作品	制度健全	打破局面	夺取冠军
评选(三好)学生	基本健全	打破常规	夺取胜利
组织评选	健全制度	能够打破	夺取城市
公开评选	健全法制	迅速打破	正式夺取

开创
　　开创(新)世界
　　开创(新)时代
　　开创未来
　　国家开创
　　学校开创

二、听完范句,简要回答问题

1. 这些句子里提到了几位乒乓球运动员?
2. 什么组织把李宁评为"本世纪最佳运动员"?
3. 中国实现了怎样的历史跨越?
4. 中国哪一年才有了世界冠军?
5. 什么情况下"他"会亲自给邓亚萍颁奖?
6. 谁是中国最大体育品牌企业的董事长?
7. 1979 年中国恢复了在哪里的合法席位?
8. 这几个句子说到了哪 3 位运动员的名字?

三、听完课文一,判断正误

1. 这条消息最少从两个方面介绍了中国体育的变化情况。(　　)
2. 中国人的平均寿命现在没有达到 70 岁。(　　)
3. 现在中国经常参加锻炼的人有 1 亿多。(　　)
4. 中国第一个打破世界记录的人是举重运动员。(　　)
5. 获得 1959 个世界冠军是中国竞技体育的辉煌成就之一。(　　)
6. 中国在奥运会上显示出体育大国的风采。(　　)

四、听完课文二,填空

　　旧中国有体育馆①＿＿＿＿个,体育场②＿＿＿＿个。现在的体育馆比过去增加③＿＿＿倍,达到④＿＿＿个。体育场有⑤＿＿＿个。

　　目前中国有 16 所体育⑥＿＿＿和⑦＿＿＿,还有⑧＿＿＿的各类体育学校。50 年里培养出⑨＿＿＿体育专门人才。体育设施建设和人才培养都取得了长足进步。

　　现在中国参加了⑩＿＿＿个世界体育组织,曾经向⑪＿＿＿个国家和地区派出教练员,每年出国参加大型体育比赛的大约有⑫＿＿＿人次。

五、听完课文三,选择正确答案

1. A. 8 个   B. 16 个
   C. 14 个   D. 106 个
2. A. 夺得 6 枚世界级金牌   B. 成为中国最大体育品牌企业
                                      董事长
   C. 当选为国际奥委会委员   D. 开创体操领域的"李宁时代"
3. A. 国际体育记者协会   B. 国际奥委会运动员委员会
   C. 20 世纪最佳运动员评选委员会   D. 世界体操运动委员会
4. A. "体操王子"称号   B. "20 世纪世界最佳运动员"
                                      称号
   C. 参加最佳运动员颁奖仪式的代表   D. 成为证明中国发生巨大变化
                                      的代表
5. A. 李宁   B. 邓亚萍
   C. 乔丹   D. 贝利

六、听完课文四,判断正误

1. 邓亚萍一共获得过 130 多个冠军。(　　)
2. 升国旗,是体育比赛颁奖仪式的内容之一。(　　)
3. 邓亚萍在第 25 届奥运会上只获得了乒乓球女单冠军。(　　)
4. 萨马兰奇主席亲自给邓亚萍颁了奖。(　　)
5. 邓亚萍以前访问过洛桑国际奥委会总部。(　　)
6. 中国体育官员邀请萨马兰奇访问中国奥委会总部。(　　)
7. 这条消息重点报道了国际奥委会主席同中国官员的友谊。(　　)
8. 祖国和人民把邓亚萍培养成一名著名运动员。(　　)

七、听完课外听力材料,介绍主要内容

 听 前 提 示

1. 奥运会

　　奥林匹克运动会的简称。世界性的综合运动会。1896 年在希腊雅典举办第一届奥运会,以后每 4 年举办一次,轮流在会员国举行。从 1924 年起举行冬季项目比赛,称做"奥林匹克冬季运动会"。

2. 奥委会

奥林匹克委员会的简称。国际综合性体育组织，是决定奥运会有关问题的最高权力机构。1894年由法国人顾拜旦发起在巴黎成立，总部设在瑞士洛桑。

3. "球王"

"球王"是巴西著名足球运动员贝利的绰号（chuòhào），意思是说贝利是世界上最好的足球运动员。在人的名字前冠以绰号表示称赞或厌恶（yànwù），是体育新闻中很常见的现象。如"飞人"乔丹、"体操王子"李宁、"拳王"阿里、"大虫"罗德曼等。

4. "东亚病夫"

随着西方大国对中国的侵略（qīnlüè），到19世纪末，中国国力越来越弱，1896年，英国报纸把中国称为"东方病夫"。20世纪初，"东方病夫"从指中国国力弱，慢慢变为指中国人体质弱。"东方病夫"也改称"东亚病夫"。为了摘掉这顶受羞辱（xiūrǔ）的帽子，中国人民经过半个多世纪的奋斗，终于跨进了世界体育强国的行列（hángliè）。

5. 中国恢复在国际奥委会的合法席位

1954年5月，国际奥委会决定承认中华全国体育总会为中国奥委会。1956年，为了抗议（kàngyì）国际奥委会的一些人制造"两个中国"的企图，中国奥委会决定拒绝同它合作。1979年11月，国际奥委会通过决议，恢复中国在国际奥委会的合法席位，设在台北的奥委会改称"中国台北奥林匹克委员会"。

6. 亚运会

亚洲运动会的简称。是亚洲奥林匹克理事会举办的地区性综合运动会。1954年开始举办，每4年一次。

背 景 知 识

1. 中国的体育人口与主要锻炼项目

凡是每个星期最少参加3次体育活动、每次锻炼30分钟以上，并且具有和自己体质和有关体育项目相适应的中等负荷（fùhè）强度的人，都被称为体育人口。

中国现有体育人口3.9亿，约占全国人口的31.4%。这个数字比发展中国家平均水平高，但跟发达国家有显著差距。

据调查,1996年16岁以上的城乡居民,有34.3%的人每星期最少参加一次体育活动,而其他65.7%的人一年没参加体育锻炼。

中国人最喜欢的体育活动项目是长跑、球类和游泳。其中70.6%的人主要在公园、城乡空地、江河湖畔锻炼。29.4%的人利用单位、学校、社区的体育设施锻炼。在体育人口中,青少年和老年人明显比中年人多。

2. 电视台的体育节目

体育节目和体育新闻,是中国观众最喜欢的电视节目之一。中国各地电视台,不仅在综合新闻中经常报道体育新闻,而且中央电视台还有专门"体育频道"。主要栏目有"体育新闻"、"中国体育"、"假日体育"、"篮球公园"、"足球之夜"、"健美五分钟"、"体育大世界"、"世界体育报道"、"体育欣赏"和"五环夜话"等。

语言知识与听力训练

1. 广播电视语言怎样才能"上口和入耳"

著名语言学家周有光谈到广播电视语言如何才能"说"来"上口"、"听"来"入耳"时,提出了下列7项条件:

1. 不说文言(wényán),不说半文半白的新文言。
2. 不说方言,除非是方言说唱艺术。
3. 不用缩略语,除非上文用过"全称"。
4. 遇到说方言的发言人,要用普通话代替他传播。
5. 文言成语可以用,但是要限于常用的。
6. 文言诗词要用"字幕(zìmù)帮助,不可只念字音、不出文字。
7. 地方电视台在黄金时间内要用普通话,使电视发挥最大的效果。

2. 学好外语的"秘诀"

《语言教学原理》(盛炎著)一书讲了这样一个故事。有位阿拉伯留学生,从小喜欢中国文化和汉语。他从小说中了解到:汉字是世界上最难学的文字,用它写的天书谁也看不懂。他不但没有被这话吓倒,反而产生了另一种心理:能够学习世界上最难学的语言文字的人是最聪明的人。后来这位留学生果然成了一名出色的中文翻译。他的成功告诉人们:"有明确的学习目的和目标,有极强的学习动力,有浓厚(nónghòu)的学习兴趣,有克服困难的毅力",是所有人学好外语的共同"秘诀"。

第 九 课

生 词

1. 首脑	（名）	shǒunǎo	head of government
2. 会晤	（动、名）	huìwù	meet; interview
3. 声明	（动、名）	shēngmíng	declare; announce; statement
4. 面向	（动）	miànxiàng	face to
5. 睦邻	（动）	mùlín	good-neighborliness
6. 商定	（动）	shāngdìng	decide through consultation
7. 框架	（名）	kuàngjià	frame
8. 达成	（动）	dáchéng	reach（an agreement）
9. 签署	（动）	qiānshǔ	sign; affix
10. 赞赏	（动）	zànshǎng	appreciate; admire
11. 长足	（形）	chángzú	by leaps and bounds; rapid; considerable
12. 进展	（动）	jìnzhǎn	make progress; make headway
13. 历来	（名）	lìlái	always; all long
14. 事务	（名）	shìwù	work; routine; affair
15. 发展中国家		fāzhǎnzhōng guójiā	developing country
16. 艰苦奋斗	（成）	jiānkǔ-fèndòu	wage a hard struggle
17. 周边	（名）	zhōubiān	periphery
18. 伙伴	（名）	huǒbàn	partner; companion
19. 协议	（名）	xiéyì	agreement
20. 奠定	（动）	diàndìng	establish; settle
21. 外长	（名）	wàizhǎng	Foreign Minister
22. 主权	（名）	zhǔquán	sovereignty; sovereign rights
23. 边境	（名）	biānjìng	border; frontier
24. 裁减	（动）	cáijiǎn	reduce; cut down

25. 协定	（名）	xiédìng	agreement
26. 共识	（名）	gòngshí	common understanding; general cognition
27. 为止	（动）	wéizhǐ	(up)to; till

专　名

1. 马来西亚	Mǎláixīyà	Malaysia
2. 东盟	Dōngméng	Association of South East Asian Nations（ASEAN）
3. 西亚	Xīyà	West Asia
4. 非洲	Fēizhōu	Africa
5. 拉丁美洲	Lādīngměizhōu	Latin America
6. 朝鲜半岛	Cháoxiǎn Bàndǎo	Korean Peninsula
7. 胡锦涛	Hú Jǐntāo	name of a person
8. 金大中	Jīn Dàzhōng	Kim Dae-jung name of a person
9. 人民大会堂	Rénmín Dàhuìtáng	The Great Hall of the People
10. 唐家璇	Táng Jiāxuán	name of a person
11. 俄罗斯	Éluósī	Russian
12. 哈萨克斯坦	Hāsàkèsītǎn	Kazakhstan
13. 吉尔吉斯斯坦	Jí'ěrjísīsītǎn	Kyrgyzstan
14. 塔吉克斯坦	Tǎjíkèsītǎn	Tajikistan
15. 巴西	Bāxī	Brazil
16. 埃及	Āijí	Egypt
17. 墨西哥	Mòxīgē	Mexico

练　习

一、常见词组

会晤	商定	达成	签署
会晤大使	商定日期	达成协议	签署声明
会晤代表	商定地点	达成共识	签署协定
会晤总理	商定协议	达成和解	签署命令

参加会晤	经过商定	能够达成	签署报告
双方会晤	顺利商定	基本达成	部长签署

奠定	裁减
奠定基础	裁减人员
奠定地位	裁减机构
奠定格局	裁减项目
应该奠定	支持裁减
全面奠定	反对裁减

二、听完范句后,判断正误

1. 中国东盟首脑今天在马来西亚正式会晤。(   )

2. 范句里只有 1 个句子说到了中国和东盟的关系。(   )

3. 中韩双方商定了建立面向 21 世纪的睦邻互信伙伴关系的框架。(   )

4. 中韩两国政府签署了加强两国青年交流的文件。(   )

5. 中国同西亚、非洲、拉丁美洲的九国领导人发表了联合声明。(   )

6. 东盟各国首脑赞赏江主席提出的同东盟发展关系的原则和主张。(   )

7. 范句里主要说的是发展中韩和中国与东盟关系的问题。(   )

8. 中国同朝鲜和亚太地区国家将建立面向 21 世纪的合作伙伴关系。
(   )

三、听完课文一,简要回答问题

1. 中国和东盟国家应该建立什么样的关系?

2. 什么时候中国和东盟各国的关系进入了新阶段?

3. 中国希望在什么环境下建设自己的国家?

4. 哪些国家应该成为"好邻居、好伙伴、好朋友"?

5. 多少个国家参加了中国东盟首脑非正式会晤?

6. 中国强大以后的对外政策会怎样?

7. 什么时候发表了《中华人民共和国与东盟国家首脑会晤联合声明》?

四、听完课文二,选择正确答案

1. A. 第一次同金大中总统会晤的情景　　B. 在韩国访问的动人情景
   C. 在北京和韩国总统会晤的情景　　D. 双方签署文件的热烈情景

2. A. 能加强中韩青年交流工作　　B. 促进亚太地区国家成为合作伙伴
   C. 造福中韩两国人民　　D. 达成朝鲜半岛和平稳定的协议

3 . A. 加强两国领导人互相访问的 B. 发展长期稳定、友好合作关系的
　　文件　　　　　　　　　　　　　文件
　　C. 韩中两国领导人达成的协议　　D. 加强中韩两国青年交流的协议
4 . A. 奠定加强两国青年交流的文件框架 B. 建立两国合作伙伴关系的框架
　　C. 在下个世纪实现两国合作关系的框架 D. 共同发表中韩两国首脑联合声明
5 . A. 两位领导人谈话的内容　　　　B. 胡锦涛副主席访问韩国的情景
　　C. 双方首脑商定的事情　　　　　D. 发展中韩友好关系的重要意义

五、听完课文三,判断正误
　　1. 中国对外政策的基本点是扩大同发展中国家的团结与合作。(　　　)
　　2. 中国和西亚一些国家签署了在边境地区裁减军事力量的协定。(　　　)
　　3. 中国同非洲的埃及建立了战略伙伴关系。(　　　)
　　4. 唐外长的文章主要介绍了中国同一些发达国家关系的情况。(　　　)
　　5. 现在中国已经同 161 个国家建立了外交关系。(　　　)
　　6. 俄罗斯和墨西哥达成了建立跨世纪合作伙伴关系的共识。(　　　)

六、听完课外听力材料,介绍主要内容

听 前 提 示

1. 东盟
　　东南亚国家联盟的简称。1967 年 8 月 8 日在泰国首都曼谷成立的地区性
组织。

2.《中华人民共和国与东盟国家首脑会晤联合声明》
　　1997 年 12 月 16 日在马来西亚首都吉隆坡正式发表。这是中国——东盟首
脑非正式会晤的一个重要成果。中国和东盟成员国在联合声明中共同承诺
(chéngnuò)将把"发展彼此之间的睦邻互信伙伴关系作为中国与东盟在 21 世
纪关系的重要政策目标。"

3. 关于同东盟发展关系的原则和主张
　　1997 年 12 月 16 日,在中国——东盟首脑非正式会晤时,江主席提出了加强
东亚合作的 5 项原则主张。即坚持相互尊重、平等相待、互惠互利、共同发展的
原则;形成平衡发展、优势互补、非排他性和非歧视性的开放型经济合作模式;

深化经济技术合作,加强高新技术转让,缩小发展差距,建立合理的地区经济结构;加强政策协调、信息分享和经验交流,为本地区的国家,特别是发展中国家营造安全的经济环境;树立新的安全观,通过友好对话与合作增强信任,求同存异,妥善解决分歧,确保地区的长治久安。

背 景 知 识

1. 中国奉行睦邻友好政策

中国对周边国家奉行睦邻友好、全面合作的政策,努力为中国现代化建设争取一个和平安宁的周边环境。主要内容有:

同俄罗斯建立平等信任、面向 21 世纪的战略协作伙伴关系;同日本建立致力于和平与发展的友好合作伙伴关系;积极发展同东南亚各国的友好合作,与东盟建立起睦邻互信伙伴关系;积极发展同朝鲜半岛北南双方的友好关系,维护东北亚地区的和平与稳定;发展同中亚各国长期稳定的睦邻友好与互利合作关系;同蒙古建立面向 21 世纪长期稳定、健康互信的睦邻友好合作关系;同印度建立面向 21 世纪建设性合作伙伴关系;同巴基斯坦建立堪称(kānchēng)典范的睦邻友好关系。

2. 各地人民广播电台联播

中央人民广播电台影响最大的新闻栏目之一。1951 年 5 月 1 号开始播音,简称"全国联播"。主要播报刚刚收到的国内外要闻、党和国家需要及时向全国发布的重要文件、法令、政令以及各类先进经验、各行先进人物事迹等。每天晚上 8:30~9:00 播出。

语言知识与听力训练

1. 广播电视新闻的用词特点

(1) 不用书面语的单音词,而用同义的双音词。如:

前——以前	访——访问	应——应该
已——已经	较——比较	并——并且

(2) 不用书面语的双音词,而用上口的单音词。如:

寻找——找	拍摄——拍	悬挂——挂
迅速——快	狭窄——窄	攀谈——谈

(3) 不用文言(wényán)的字词,而用同义的通俗口语词。如:

均——都　　　　　将——把　　　　　系——是　　　　　与——跟/和
是否——是不是　　　　　途经——路过
从此——从这以后　　　　　继……之后——在……之后

(4) 不用难懂或容易误听的简称缩略语,用全称或短语。如:

山大——山东(西)大学　　　　　　　　苏锡常——苏州、无锡、常州
人大——人民代表大会/中国人民大学
工交——工业和交通运输业　　　　　　公交——公共交通
人均——每人平均　　　　　　　　　　环保——环境保护
参赛——参加比赛　　　　　　　　　　扩招——扩大招生

2. 哪些因素影响听力理解能力

听力是人们对于听到的声波(shēngbō)信号的理解能力。听力包括接收声波信号和理解声波信号两个过程。只有当人们对收到的语言信号进行解码(jiěmǎ)、辨认、分析、归纳(guīnà),在语音、语法和语义三个层面上理解语言信号所表示的意义的时候,才算听懂了语言信号。由此可见,如果词汇量不足,语音语法知识不够,就根本不可能理解整个句子或整条消息内容。

广播电视新闻的内容十分丰富,对有关的背景知识缺乏了解,也是影响听力理解水平的因素之一。

除上述原因外,缺乏听力基本训练是影响听力水平的关键因素。只有在反复听录音或广播电视新闻过程中,提高对于语音的敏感性和熟悉程度,实现"音形一体化",把书面词语和语法知识转化为相应的听力,才能提高听力理解能力。

第 十 课

生 词

1. 一律	（形、副）	yílǜ	all；without exception
2. 拍照	（动）	pāizhào	take a picture
3. 星球	（名）	xīngqiú	heavenly body；celestial
4. 步伐	（名）	bùfá	step；pace
5. 渠道	（名）	qúdào	channel；medium of communication
6. 增进	（动）	zēngjìn	enhance；promote；further
7. 典型	（名）	diǎnxíng	example model；typical case
8. 万万	（副）	wànwàn	absolutely；wholly
9. 促成	（动）	cùchéng	help to bring about；facilitate
10. 敌对	（动）	díduì	hostile；antagonistic
11. 和解	（动）	héjiě	become reconciled
12. 不禁	（副）	bùjīn	can't help（doing sth.）
13. 惊讶	（形）	jīngyà	surprised；amazed
14. 理	（动）	lǐ	pay attention to；acknowledge
15. 敏感	（形）	mǐngǎn	sensitive；susceptible
16. 千载难逢	（成）	qiānzǎi-nánféng	very rare；occurring only once in a thousand years
17. 文稿	（名）	wéngǎo	draft；manuscript
18. 收藏	（动）	shōucáng	collect；store up
19. 步骤	（名）	bùzhòu	step；move；measure
20. 夫人	（名）	fūren	Madame；Mrs
21. 国会议员		guóhuì yìyuán	Congressman or Congresswoman；（美）Member of Parliament（英）

22. 民间	（名）	mínjiān	nongovernmental; people to people; folk
23. 掩饰	（动）	yǎnshì	conceal; cover up
24. 出息	（名）	chūxi	prospects; future
25. 退休	（动）	tuìxiū	retire
26. 沿海	（名）	yánhǎi	along the coast; coastal
27. 转移	（动）	zhuǎnyí	transfer; shift; divert
28. 趋势	（名）	qūshì	trend; tendency
29. 经贸	（名）	jīng-mào	economy and trade
30. 举办	（动）	jǔbàn	hold
31. 展销	（动）	zhǎnxiāo	exhibit (show) and sell
32. 成交额	（名）	chéngjiāo'é	volume of business

专　名

1. 科恩	Kē'ēn	Cohn
2. 庄则栋	Zhuāng Zédòng	name of a person
3. 毛泽东	Máo Zédōng	name of a person
4. 博根	Bógēn	Bogan
5. 周恩来	Zhōu Ēnlái	name of a person
6. 尼克松	Níkèsōng	Niason
7. 北京西旧帘子胡同	Běijīng Xījiùliánzi Hútòng	name of a place
8. 单大爷	Shàn dàye	a form of addressing an elderly man whose surname is Shan
9. 神户（市）	Shénhù(Shì)	Kobe

练　习

一、常见词组

增进	掩饰	转移	举办
增进友谊	掩饰错误	转移重点	举办舞会
增进友好关系	掩饰问题	转移地点	举办运动会
增进团结	掩饰感情	转移目标	举办展览
增进信任	善于掩饰	转移文件	政府举办
增进稳定	企图掩饰	人员转移	学校举办

54

二、听完范句,简要回答问题

1. 世界上的大国和小国应该是什么样的关系?
2. 记者们给哪国的运动员拍了照?
3. 乒乓外交的成功有什么作用?
4. 单大爷为什么70多岁还学习英语?
5. 美国运动员的感情发生了怎样的变化?
6. 友好城市可以发挥什么作用?
7. 范句里介绍了促成乒乓外交的运动员名字了吗?

三、听完课文一,选择正确答案

1. A. 留了一头长发　　　　　　　B. 个人的一个错误
   C. 跟庄则栋的一场比赛　　　　D. 对日本的一次访问

2. A. 互相和解　　　　　　　　　B. 继续敌对
   C. 友好会晤　　　　　　　　　D. 体育比赛

3. A. 他有一双蓝眼睛　　　　　　B. 翻译告诉他
   C. 科恩自我介绍　　　　　　　D. 他衣服上有"USA"3个字母

4. A. 站在车门口往外望的时候　　B. 庄则栋和他握手说话的时候
   C. 庄则栋开始和他说话的时候　D. 记者给他俩拍照的时候

5. A. 马上采访庄则栋和科恩　　　B. 围着他俩拍照
   C. 刊登乒乓球比赛照片　　　　D. 猜出中美双方想找机会接触

6. A. 立刻邀请美国乒乓球队访问中国　B. 指示中国代表团和美国队接触
   C. 让庄则栋继续和科恩比赛乒乓球　D. 在中国报纸上刊登有关照片

7. A. 激动　　　　　　　　　　　B. 害怕
   C. 沉默　　　　　　　　　　　D. 高兴

8. A. 尼克松　　　　　　　　　　B. 毛泽东
   C. 周恩来　　　　　　　　　　D. 博根

9. A. 让科恩和庄则栋接触　　　　B. 同意报纸刊登科恩和庄则栋的照片
   C. 决定邀请中国乒乓球队访问美国　D. 尼克松总统宣布对华新步骤

10. A. 促成了中国同三四十个国家建立外交关系　B. 促成了五六十个国家同中国建交
    C. 使同中国建交的国家增加了100多个　D. 130多个国家和中国建立了外交关系

四、听完课文二,判断正误

1. 单大爷成了一位著名外交家。(　　)
2. 1968 年单大爷开始接待外国总统夫人。(　　)
3. 单大爷可以跟老外们用英语轻松地谈话了。(　　)
4. 单大爷儿女们的收入是全家最高的。(　　)
5. 单大爷是一位讲卫生爱干净的老人。(　　)
6. 外宾在单大爷家可以了解到中国的一些情况。(　　)

五、听完课文三,填空

中国的第一对对外友好城市是＿＿＿＿＿＿年出现的
中国现有对外友好城市＿＿＿＿＿
跟中国结成友好城市的国家有＿＿＿＿＿
中国已经和外国结成友好城市＿＿＿＿＿
中国对外友好城市最多的省是＿＿＿＿＿
中国对外友好城市的发展趋势是＿＿＿＿＿
中国通过对外友好城市引进外资＿＿＿＿＿
中外友好城市之间的经贸成交额是＿＿＿＿＿

六、听完课外听力材料,介绍主要内容

听 前 提 示

1. 乒乓外交

指中国和世界各国通过乒乓球比赛建立起友好关系。1971 年初,在第 31 届世界乒乓球锦标赛期间,中美两国运动员进行了友好接触和交往。随后两国乒乓球队互访,打破了中美两国长期僵持(jiāngchí)的外交关系,引起全世界的注意,并导致(dǎozhì)美国总统访华和中美建交。世界舆论(yúlùn)把这叫做“乒乓外交”。

2. 友好城市

又称“姐妹城市”。1973 年起,中国和一些友好国家的城市间在平等互利、和平友好的原则下,建立的一种对等式友好交往关系。到 1997 年,中国的 200 个城市已和 80 多个国家结成对外友好城市 800 多对。

1. 重新打开中美交往大门的开拓者——基辛格

原美国总统国家安全事务助理基辛格博士,是一位著名外交家。他为打开中美关系大门和实现两国关系正常化作出过重要贡献。1971 年,他在访问巴基斯坦时,突然称病,躲开了记者们的追踪,秘密进入了中国这块当时被认为是"神秘的国土"进行访问。两天内与中国总理周恩来经过 17 个小时会谈,发表了一篇近 200 字的新闻公告,宣布美国总统尼克松将于 1972 年 5 月以前的适当时间访问中国。这条消息一公布,立刻震动(zhèndòng)了整个世界,许多国家都感到意外。

基辛格离开公职(gōngzhí)以后,几十年如一日,为推动中美关系发展做了许多工作。1998 年他再次访华时,江泽民主席握着他的手说:你是第 30 次访华了,我要特别向你表示欢迎。你第一次访华至今已经 27 年了。27 年来,中美关系发生了深刻变化。尽管在发展过程中也出现过一些曲折,但总的来说是向前发展的。这说明,改善和发展中美关系是符合两国人民的长远利益的,是历史的必然,是不可阻挡的。

2. 中国新闻 60 分

中央电视台的大型综合性新闻栏目。它以客观、迅速、准确地报道发生在海内外的新闻事件为特色,由综合新闻、深度报道、体育时空、财经新闻 4 部分组成,对重要新闻事件力求进行多角度、多层面的立体式报道。每天早上 8:00 ～ 9:00 在第四套节目播出,通过 8 颗卫星实施全球覆盖。2000 年 2 月 7 号由原先的《中国新闻》栏目改版而成。

语言知识与听力训练

1. 广播电视新闻对语音的要求

广播电视新闻是供听众或观众收听收看的,为了让人们听懂听清楚,听得悦耳(yuè'ěr),首先要注意同音词的使用,避免误听误解。如:

"××工厂的产品全部合格。"

"我们决不提倡人们都向钱看。"

这里的"全部"和"向钱看"跟"全不"与"向前看"发音一样,容易产生误解,如果改成"全都"和"向金钱看"就不会出现差错了。下面这些词使用时应当注意。

期中——期终　　食油——石油　　致病——治病
走近——走进　　事例——势力

其次要尽量选用响亮字眼,使其悦耳动听。下列这两组对应词中,第一组都是单音词,但后边的声音响亮;第二组中,虽然二者意思一样,但单音词没有双音词响亮,一般用后边的词容易听清楚。

与——和　　　　于——在　　　　至——到　　　　此——这
现——现在　　　达——达到　　　较——比较
已——已经　　　因——因为　　　并——并且

2. 经常听广播看电视新闻的好处

学习汉语达到一定水平之后,应该经常收听收看汉语广播电视新闻。这样做可以收到多方面好处。一,可以更多地了解中国各方面的情况,丰富自己的知识;二,常听标准普通话新闻,可以学到比较地道的语音;三,可以扩大词汇量,尤其是学习新词语的好途径(tújìng);四,广播电视新闻内容新,常听常新,容易引起兴趣,成为激发上进心的动力;五,经常听新闻,是一种学习与应用的好机会,既可以"温故"(wēngù),巩固学过的东西,又能充分利用时间,学用结合,提高听力理解能力。

第 十一 课

生 词

1. 血肉	（名）	xuèròu	flesh and blood
2. 养父（母）	（名）	yǎngfù(mǔ)	foster father (mother)
3. 以德报怨	（成）	yǐdé-bàoyuàn	return good for evil; requite ingratitude with kindness
4. 孤儿	（名）	gū'ér	orphan
5. 铭记	（动）	míngjì	always remember; engrave on one's mind
6. 恩德	（名）	ēndé	favor; kindness; graciousness
7. 灾难	（名）	zāinàn	disaster
8. 邦交	（名）	bāngjiāo	diplomatic relations; relations between two countries
9. 宣言	（名）	xuānyán	declaration
10. 致力于		zhìlìyú	devote oneself to
11. 养育	（动）	yǎngyù	bring up; rear
12. 产物	（名）	chǎnwù	outcome
13. 投降	（动）	tóuxiáng	surrender
14. 逃跑	（动）	táopǎo	run away
15. 军国主义	（名）	jūnguózhǔyì	militarism
16. 往事	（名）	wǎngshì	past events
17. 估量	（动）	gūliáng	estimate
18. 伤害	（动）	shānghài	hurt; harm
19. 创伤	（名）	chuāngshāng	wound
20. 罪行	（名）	zuìxíng	crime
21. 证据	（名）	zhèngjù	evidence
22. 宽厚	（形）	kuānhòu	generous

59

23.	仁慈	（形）	réncí	kind; merciful
24.	博爱	（名）	bó'ài	universal fraternity; universal love
25.	结晶	（名、动）	jiéjīng	crystallization; fruit
26.	流芳千古	（成）	liúfāng-qiāngǔ	leave a good name for a hundred generations
27.	正视	（动）	zhèngshì	face squarely
28.	反省	（名）	fǎnxǐng	introspection; self-examination
29.	牢固	（形）	láogù	firm
30.	首相	（名）	shǒuxiàng	Prime Minister
31.	殖民统治		zhímín tǒngzhì	colonialist rule
32.	由衷	（形）	yóuzhōng	sincere; from the bottom of one's heart

专 名

1.	木村成彦	Mùcūnchéngyàn	name of a person
2.	岸正子	Ànzhèngzǐ	name of a person
3.	沈阳"九·一八"纪念馆	Shěnyáng "Jiǔ · Yībā" Jìniànguǎn	Shenyang Museum of the september 18th Incident
4.	中国现代国际关系研究所	Zhōngguó Xiàndài Guójì Guānxì Yánjiūsuǒ	Chinese Modern International Relations Research Institute
5.	刘江永	Liú Jiāngyǒng	name of a person
6.	高桥哲郎	Gāoqiáozhéláng	name of a person
7.	村山富市	Cūnshānfùshì	name of a person
8.	陈健	Chén Jiàn	name of a person

xxxxxxxxxxx 练 习 xxxxxxxxxxx

一、常见词组

养育	估量	伤害	正视
养育子女	估量困难	伤害妇女	正视生活

养育后代	估量问题	伤害集体	正视错误
养育了文明	估量质量	伤害祖国	正视事故
愿意养育	估量情况	伤害眼睛	正视问题
继续养育	必须估量	受到伤害	得到正视

二、听完范句,简要回答问题

1. 这些范句谈的都是什么问题?
2. 中国养父母是怎样"以德报怨"的?
3. 日本孤儿要建造丰碑的目的是什么?
4. 哪两个字是第一次写进中日两国政府达成的文件里的?
5. 影响中日关系正常发展的关键是什么?
6. 中日双方在联合宣言中达成什么共识?
7. 日方为什么再次表示反省?

三、听完课文一,判断正误

1. 1949年日本侵略者投降逃跑的时候,住在东北的日本人丢下了1万多孤儿。(　　　)
2. 木村成彦生下70天就来到了中国养父母家里。(　　　)
3. 那位日本妈妈的心里一直铭记着中国养父母的恩德。(　　　)
4. 中国养母非常疼爱日本孤儿岸正子。(　　　)
5. 中日两国是在1962年正式恢复邦交的。(　　　)
6. 木村送爷爷回国的场面,给他女儿留下了深刻的印象。(　　　)
7. 日本孤儿永生不忘中国人民的养育之恩。(　　　)
8. 日本军国主义发动的侵华战争,给中国人民造成了无法估量的损失。(　　　)
9. 把日本孤儿养育成人,是中国人民宽厚仁慈,以德报怨美德的结晶。(　　　)
10. 岸正子在讲话中介绍了他们建造感谢碑的目的。(　　　)
11. 中日两国人民,都是日本军国主义发动侵华战争的受害者。(　　　)
12. 这篇报道通过生动场面和感人的事迹,介绍了中日两国人民的深厚情谊。(　　　)

四、听完课文二,选择正确答案

1. A. 正视历史问题　　　　　　B. 维护和平和促进发展
   C. 签署中日联合宣言　　　　D. 避免战争灾难

2. A. 日本再次表示反省和道歉　　　B. 决定采访有关人士的反应
   C. 认定过去日本对中国发动过　　D. 决定恢复邦交关系
      "侵略"战争

3. A. 7 位　　　　　　　　　　　　B. 4 位
   C. 两位　　　　　　　　　　　　D. 8 位

4. A. 日本老兵高桥哲郎　　　　　　B. 大街上的一位日本妇女
   C. 日本前首相村山富市　　　　　D. 一名关心历史的日本市民

5. A. 多数人对历史问题不太关心　　B. 全都认为日本政府应该早点
                                    反省道歉
   C. 都认为应该正视侵略,进行反省,　D. 思想混乱,看法不一样
      承担战争责任

6. A. 1998 年　　　　　　　　　　　B. 1995 年
   C. 1972 年　　　　　　　　　　　D. 1945 年

7. A. 中日联合宣言　　　　　　　　B. 日本前首相
   C. 中国驻日本大使陈健　　　　　D. 日本老兵高桥哲郎

8. A. 可以同亚洲各国人民和平相处　B. 做世界上的经济军事大国
   C. 应该同被侵略过的国家和平友　D. 永远走和平发展道路,不做
      好相处   军事大国

9. A. 双方发表不发表"联合宣言"　　B. 要不要把"侵略"二字写进联
                                    合宣言
   C. 日本能不能正视侵略中国的历史　D. 两国人民该不该关心历史
                                    问题

10. A. 承认给亚洲国家造成了灾难　　B. 不承认那是一场侵略战争
    C. 只同意反省和给受害国家道歉　D. 不让日本人民关心和了解
                                    事实真相

五、听完课外听力材料,介绍主要内容

背 景 知 识

1. 以史为鉴,面向未来

　　中日两国,隔海相望。在两千年的友好往来和文化交流中,两国人民结下
了深厚友谊,值得珍视。

　　从 1894 年以来,由于日本军国主义者侵略中国,使得中国人民遭受重大灾

难,日本人民也深受其害。据不完全统计,1931~1945 年间,在日本侵略者的屠刀(túdāo)下,中国死伤人数 3500 万,仅南京大屠杀就死亡 30 万以上。按 1937 年的比值计算,日本侵略者给中国造成的直接经济损失为 1000 亿美元,间接经济损失为 5000 亿美元。

日本侵略者投降以后,在日本国内经常有一些人歪曲(wāiqū)历史、美化历史。从 1986 年以来,日本历届内阁(nèigé)都有大臣否认那场对中国和亚洲国家战争的侵略性质,这极大地伤害了中国人民和亚洲受害国人民的感情。如何正确对待历史,一直是日本没有解决好的一个问题。

"前事不忘,后事之师"。日本只有正视历史,从中汲取(jíqǔ)教训,确保日本永远走和平发展道路,才能推动中日友好关系健康发展,使日本跟亚洲国家和平友好相处,并在世界上取得应有的地位。

2. 东方时空

中央电视台的一个综合性杂志型社会新闻栏目。1993 年 5 月 1 号开办。由"面对面"、"东方之子"、"生活空间"和"时空报道"等栏目组成。

2000 年 11 月 27 号改版后,播出时间为 6:00~8:30。《东方时空》分为普通版、周末版两种节目形态。周一至周五播出普通版节目,包括《早新闻》、《时空资讯》、《传媒链接》、《直通现场》、《面对面》和《百姓故事》6 个栏目。周末版包括《早新闻》、《时空资讯》、《世界》、《纪事》、《直播中国》5 个栏目。

===== **语言知识与听力训练** =====

1. 即兴解说和谈话的语言特点

广播电视记者的现场报道、专题报道等,多采用即兴解说。拍摄的人物谈话也是即兴说出的。无论是记者还是被采访对象,虽然事先都有所准备,但都是即兴"说"出来的,不是念出来的。这些解说和谈话的语言特点有:

1. 语速语气变化大。一般是介绍性的话语语速慢,语气平缓(pínghuǎn),描述性的话语语速较快,语气较激昂(jī'áng);

2. 话语之间跳跃性大,连贯性差;

3. 常用时间词"现在"、"正在"和代词"这儿"、"那儿"等;

4. 常有重复现象,有时用词不准确,语言不规范等。

2. 怎样训练和提高记忆感受能力

记忆感受能力是影响听力理解能力高低的首要条件。要提高记忆感受能力,首先应该借助新闻标题和导语,抓住贯穿(guànchuān)全篇内容的主要线索(xiànsuǒ)及其相关的人物、场景、画面,掌握新闻的中心内容。像本课的两篇报道,分别围绕"养育之恩,永生难忘"和如何正视历史这两条线索,展现了当事人的回忆和对现场人物的采访,理清这些线索和情景,就容易把握内容要点和中心意思;其次要记好"范句",掌握住重点句,扫清内容和语言障碍;第三要耳听手记,记录要点;此外,还要利用对语言、语调、语气等已有感受能力,辨别区分内容细节(xìjié),提高听力理解的准确性。

第 十 二 课

生 词

1. 土特产品		tǔ-tè chǎnpǐn	special local product's
2. 主角	（名）	zhǔjué	leading role; lead
3. 一统天下		yìtǒng tiānxià	unify the whole country; monopolize the entire market
4. 交易会	（名）	jiāoyìhuì	trade fair; commodities fair
5. 转让	（动）	zhuǎnràng	transfer the possession to; make over
6. 空调	（名）	kōngtiáo	airconditioner
7. 物美价廉		wùměi jiàlián	good and cheap
8. 递增	（动）	dìzēng	increase progressively; increase by degrees
9. 旗袍	（名）	qípáo	a close-fitting woman's dress with high neck and slit skirt
10. 时装	（名）	shízhuāng	fashionable dress
11. 展台	（名）	zhǎntái	exhibition platform
12. 国力	（名）	guólì	national power
13. 特派员	（名）	tèpàiyuán	specially appointed official; special agent
14. 发电机	（名）	fādiànjī	generator; dynamo
15. 显示	（动）	xiǎnshì	show; display
16. 机电	（名）	jīdiàn	engine; machine
17. 利润	（名）	lìrùn	profit
18. 异军突起	（成）	yìjūn-tūqǐ	a new force suddenly coming to the fore
19. 样品	（名）	yàngpǐn	sample (product)

20. 主导	（名、形）	zhǔdǎo	leading; dominant; guiding
21. 火箭	（名）	huǒjiàn	rocket
22. 客商	（名）	kèshāng	travelling trader
23. 赞叹不已		zàntàn-bùyǐ	highly praise again and again
24. 舆论	（名）	yúlùn	public opinion
25. 关注	（动）	guānzhù	focus on; pay close attention to
26. 质变	（名）	zhìbiàn	qualitative change
27. 家电	（名）	jiādiàn	household electrical appliances
28. 领先	（动）	lǐngxiān	lead; be in the lead
29. 幅度	（名）	fúdù	range; scope
30. 关税	（名）	guānshuì	tariff; customs duties
31. 承诺	（动、名）	chéngnuò	promise to undertake; promise
32. 融入	（动）	róngrù	merge; mix together

专　名

1. 阎益俊	Yán Yìjùn	name of a person
2. 广州	Guǎngzhōu	name of a place
3. 海尔集团	Hǎi'ěr Jítuán	Hai'er Group
4. 张瑞敏	Zhāng Ruìmǐn	name of a person
5. 广交会	Guǎng-jiāo-huì	Chinese Commodities Fair
6. 梁锦文	Liáng Jǐnwén	name of a person
7. 欧洲	Ōuzhōu	Europe
8. 西班牙	Xībānyá	Spain
9. 亚太经合组织会议	Yà-Tài Jīng-hé Zǔzhī Huìyì	Asia-Pacific Economic Cooperation Organization Meeting

练　习

一、常见词组

转让	显示	领先	关注
转让汽车	显示力量	技术领先	各界关注
转让业务	显示技术	产量领先	人民关注
转让资金	显示本领	思想领先	群众关注
转让技术	显示文字	领先几年	关注舆论
转让成果	充分显示	领先一次	关注技术

66

二、听完范句,简要回答问题

1. 什么产品在广交会上唱主角?
2. "土特产品唱主角"这句话是什么意思?
3. 粮油产品唱了多少年主角?
4. "一统天下 20 多年"是什么意思?
5. 阎益俊老人向外贸部提出过什么建议?
6. 谁把空调技术转让给西班牙一家公司?
7. 中国出口产品有什么特点?
8. 中国 1997 年的商品出口额比 1978 年增加了多少倍?
9. 什么东西每年递增 16.7%?
10. 外宾看上过交易会上的哪些产品?

三、听完课文一,选择正确答案

1. A. 一般机电产品　　　　　　　　B. 一台大发电机
   C. 一些粮油产品　　　　　　　　D. 一部分纺织品
2. A. 7 年　　　　　　　　　　　　B. 8 年
   C. 9 年　　　　　　　　　　　　D. 10 年
3. A. 20 世纪 80 年代中期　　　　　B. 19 世纪 80 年代中期
   C. 本世纪 60 年代中期　　　　　　D. 1966 年
4. A. 她看上了一件漂亮的旗袍　　　B. 她见到了最好的时装
   C. 她买到了最满意的服装　　　　D. 她看到了丰富的服装样品
5. A. 纺织品异军突起　　　　　　　B. 土特产品继续唱主角
   C. 机电产品占主导地位　　　　　D. 粮油产品开始"一统天下"
6. A. 中国的火箭产品　　　　　　　B. 彩电冰箱等机电产品
   C. 飞机等机械产品　　　　　　　D. 中国的时装和土特产品
7. A. 听到外商称赞中国科技展品的时候
   B. 听到外宾称赞广交会展品的时候
   C. 帮助外宾买到她最喜欢的"时装"的时候
   D. 回忆在广交会工作 30 多年历史的时候
8. A. 土特产品→机电产品→粮油产品
   B. 土特产品→纺织品→机电产品
   C. 科技产品→纺织品→土特产品
   D. 火箭产品→服装产品→机电产品
9. A. 作为中国人,他们感到很自豪
   B. 外国客商喜欢来,中国人员很高兴

C. 各国外宾多,广交会展品丰富

D. 广交会变化大,中国进步快

10. A. 介绍了阎益俊和梁锦文的不同经历

B. 报道了各国外宾对中国产品的称赞

C. 告诉人们广交会越办越受欢迎

D. 说明中国的国力一天比一天强大

四、听完课文二,判断正误

1. 改革开放以来,中国出口额年年增加。(　　)

2. 中国 1978 年的商品出口额不到 1997 年的 18%。(　　)

3. 中国外贸出口总额和产品结构都有明显变化。(　　)

4. 一家西班牙公司向中国转让空调技术。(　　)

5. 目前中国企业向海外转让技术还不多见。(　　)

6. 中国海尔集团的家电技术处在国际领先地位。(　　)

7. 海内外舆论非常关注海尔的出口产品。(　　)

8. 向海外出口技术是中国外贸发展的趋势。(　　)

9. 1997 年的工业成套设备出口比 70 年代末增加 57 倍。(　　)

10. 对外贸易为中国经济发展作出了重要贡献。(　　)

11. 到 1992 年底中国连续下调了 5 次关税。(　　)

12. 中国对继续下调关税已经作出了承诺。(　　)

13. 这篇报道没有介绍外贸对中国经济发展所起的作用。(　　)

五、听完句子,改正各句的错误

1. 1982 年春季中国出口商品交易会,昨天在广交会中心开幕。

2. 在 30 天的会七里,前来洽谈贸易的商客有 22000 多人。

3. 这届广交会贸易活泼,纺织品、粮油食品等进口成交产品都比过去有增加。

4. 18 个国家和地区的贸易代表、商店代表团或国营企业交易公司代表团参
加了这届广交会。

六、听完课外听力材料,介绍主要内容

 听 前 提 示

1. 广交会

中国出口商品交易会的简称,因地址在广州,故称广交会。从 1957 年起,分

68

别在每年的春秋两季各举办一届,主要是展销中国出口商品,并与到会各国客商洽谈生意。随着中国全方位对外开放格局的形成和发展,不少城市陆续(lùxù)举办交易会,例如"昆(明)交会"、"乌(鲁木齐)交会"、"哈(尔滨)交会"等。

2. 国内生产总值

一个国家物质生产部门和非物质生产部门提供给社会最终使用的产品和劳动的价值(不包括中间消耗的产品和劳动的价值)。英文缩写为 GDP。

3. 亚太经合组织

1989 年 11 月成立的区域性经济合作组织。英文缩写为 APEC。截止 1998 年,成员国有 21 个。人口占世界总人口的 42.5%,国内生产总值占世界总量的 50% 以上,国际贸易总额占世界贸易总额的 48%。

背 景 知 识

1. 中国的对外贸易状况

中国是世界上的一个贸易大国,到 1998 年底,进出口总额达到 3239 亿美元,在世界贸易中排在第 9 位。

中国实施"以质取胜"对外贸易战略以来,进出口商品结构明显优化。出口贸易实现了从主要出口初级产品向主要出口工业制成品的历史转变,到 1998 年,工业制成品出口比重上升到 88.8%,其中机电产品占出口额的 36.2%,连续 4 年成为第一大类出口商品。

中国对外贸易市场实现了多元化。到 1998 年,中国已经同 227 个国家和地区建立了贸易关系,形成了以日本、香港、欧盟、美国为主,周边国家和地区为辅的贸易市场格局。对外贸易方式也更加灵活(línghuó)多样。加工贸易已成为最主要的外贸方式。

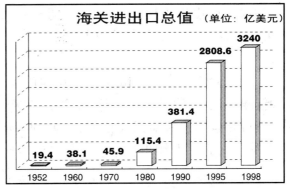

对外贸易是中国国民经济增长的重要推动力,1997 年的外贸额已经占中国国民生产总值的 36.1%。经过 20 多年的改革,中国外贸管理已走上了法制化、规范化和科学化轨道(guǐdào)。

2. 新闻 30 分

中央电视台 1994 年创办的一个综合性新闻栏目。以报道社会新闻消息为主。每天中午 12：00 点在一套节目中播出。

<hr>

语言知识与听力训练

1. 汉语的简称和缩略语

简称、缩略语多是广播电视新闻语言的重要特点。其构成有多种形式。

① 政党、组织机构大部分取其中一个有区别性的字作代表，如"中共中央"、"东盟"、"西亚"、"中韩"、"奥委会"、"奥运会"等；

② 一般名词、动词、形容词、习用词组按联合式、偏正（piānzhèng）式、动宾式、主谓式构成缩略语，如"德智体美"、"老少边穷"、"外贸"、"经贸"、"党委"、"禁毒"、"金牌"、"报摘"等；

③ 加数词构成缩略语，如"两个文明"、"三资企业"、"四化"、"五星红旗"等。

2. 怎样训练和提高听力辨析能力

辨析能力指对汉语语音、语调、词义、句型、句义、语体等的分辨判断能力。培养和提高辨析能力，是听力技能训练的一项重要任务。一般说来，初级阶段应着重训练语音、语调、语气辨析能力，中级阶段以训练和提高词语、句义、篇章结构和语体辨析能力为主。在新闻听力技能训练中，做好下面几项工作十分必要。

① 围绕难句和特殊句式，在变换句型听力练习中，辨析不同句式如何表达同一句义，由易到难，正确理解难句或特殊句式的句义，并丰富学生的语言表达能力；

② 收听收看多种体裁和题材的新闻语料，了解和熟悉广播电视消息、专题报道、新闻评论、人物访谈等类新闻篇章结构与语体风格特点，提高对语体篇章的辨析力，并运用这些知识和技能，迅速判断所听新闻的语体性质，抓住内容主要线索及其相关的人物事件、论点论据和层次结构等，把握所听新闻的中心思想；

③ 辨析同音字、同音词、近义词的区别，掌握新闻细节，提高听力理解的准确性。

第 十 三 课

生 词

1. 高新技术		gāo-xīn jìshù	high and new technology
2. 产业化	（动）	chǎnyèhuà	industrialization
3. 经济特区		jīngjì tèqū	special economic zones
4. 率先	（副）	shuàixiān	be the first to do sth.
5. 窗口	（名）	chuāngkǒu	window
6. 坐落	（动）	zuòluò	be located
7. 知识分子	（名）	zhīshi fènzǐ	intellectual
8. 活力	（名）	huólì	energy; vigour
9. 科技园区		kējì yuánqū	scientific and technological area; High-Tech Park
10. 庭院	（名）	tíngyuàn	courtyard
11. 见证	（名、动）	jiànzhèng	witness; testimony
12. 知识经济	（名）	zhīshijīngjì	knowledge economy
13. 兴办	（动）	xīngbàn	initiate; set up
14. 倡导	（动）	chàngdǎo	advocate
15. 引进	（动）	yǐnjìn	introduce from elsewhere
16. 格局	（名）	géjú	pattern
17. 投石问路		tóushí-wènlù	find a way by throwing a stone
18. 跨国公司	（名）	kuàguó gōngsī	transnational corporation
19. 行长	（名）	hángzhǎng	president (of a bank)
20. 合资	（形）	hézī	different investments combined into one
21. 总裁	（名）	zǒngcái	manager-in-chief
22. 金融	（名）	jīnróng	finance

23. 荒地	（名）	huāngdì	wasteland; uncultivated land
24. 破旧	（形）	pòjiù	old and shabby
25. 经营	（动）	jīngyíng	run; manage
26. 起飞	（动）	qǐfēi	(of aircraft) take off
27. 产值	（名）	chǎnzhí	value of output; output value
28. 激光照排		jīguāng zhàopái	laser photocomposition
29. 一流	（形）	yīliú	top-rank; top-class, first-class
30. 创业	（动）	chuàngyè	do pioneering work; start an undertaking
31. 亮点	（名）	liàngdiǎn	bright spot

专　名

1. 中关村	Zhōngguāncūn	name of a place
2. 深圳	Shēnzhèn	name of a place
3. 珠海	Zhūhǎi	name of a place
4. 汕头	Shàntóu	name of a place
5. 厦门	Xiàmén	name of a place
6. 浦东	Pǔdōng	name of a place
7. 中关村科技园区	Zhōngguāncūn Kējì Yuánqū	Zhongguancun High-Tech Park (Chinese Silicon Valley)
8. 卢瑞华	Lú Ruìhuá	name of a person
9. 徐匡迪	Xú Kuāngdí	name of a person
10. 日本兴业银行	Rìběn Xīngyè Yínháng	name of a Japanese bank
11. 赤松清茂	Chìsōngqīngmào	name of a person
12. 上海通用汽车公司	Shànghǎi Tōngyòng Qìchē Gōngsī	Shanghai General Motors Company
13. 施雷斯	Shīléisī	name of a person
14. 希拉克	Xīlākè	Chirac
15. 黄浦江	Huángpǔ Jiāng	name of a river
16. 陆家嘴金融贸易区	Lùjiāzuǐ Jīnróng Màoyìqū	name of a place
17. 庚子赔款	Gēngzǐ Péikuǎn	Boxer Indemnity (1900)

72

~~~~~~~~~~~~ **练 习** ~~~~~~~~~~~~

一、常见词组

兴办	倡导	引进	经营
兴办工厂	倡导改革	引进资金	国家经营
兴办学校	倡导联合	引进人才	集体经营
兴办特区	倡导（新）文化	引进产品	经营服装
合资兴办	积极倡导	合理引进	经营商店
集体兴办	经过倡导	支持引进	经营木材

二、听完范句，简要回答问题

1. 中关村已经成为什么的代名词？
2. 4个经济特区成为中国哪方面的基地？
3. 哪个地方的水上交通很方便？
4. 中国知识分子80年代初作出了什么选择？
5. 中关村为什么最有经济发展活力？
6. 中国的知识经济从哪儿迈出了第一步？
7. 改革开放以来，中国经济发展经历了几个阶段？
8. 见证上海过去和未来的是哪个地方？
9. 这几个句子主要介绍了哪方面情况？

三、听完课文一，选择正确答案

1. A. 改革开放的窗口　　　　　　B. 兴办现代化农业试验基地
   C. 迈向现代化的综合试验基地　D. 联系海内外的桥梁
2. A. 高新技术　　　　　　　　　B. 引进资金
   C. 生产加工　　　　　　　　　D. 综合经济
3. A. 广东省　　　　　　　　　　B. 4个经济特区
   C. 长江流域　　　　　　　　　D. 上海市
4. A. 开始兴办跨国公司　　　　　B. 继续"投石问路"式试验
   C. 形成一批标志性基地　　　　D. 实行"大幅度开放"
5. A. 700家　　　　　　　　　　B. 200家
   C. 500家　　　　　　　　　　D. 100家
6. A. 上海市长　　　　　　　　　B. 法国总统
   C. 卢瑞华先生　　　　　　　　D. 日本银行家

7. A. 美国　　　　　　　　　　　　B. 法国
　　C. 日本　　　　　　　　　　　　D. 中国
8. A. 陆家嘴金融贸易大楼　　　　　B. 一座历史纪念馆
　　C. 75 户小庭院　　　　　　　　D. 浦东新区的企业
9. A. 20 世纪七八十年代　　　　　　B. 19 世纪八十年代
　　C. 20 世纪最后 20 年　　　　　D. 21 世纪八九十年代

四、听完课文二,判断正误

1. 解放前中关村是一片荒地,没有一所大学。(　　　)
2. 现在中关村成了中国的科学城和教育城。(　　　)
3. 20 世纪 80 年代初,中国知识分子开始兴办电子公司。(　　　)
4. 1988 年中国开始科技体制改革。(　　　)
5. 中国的高新技术产业是 80 年代末从中关村开始起飞的。(　　　)
6. "北大方正"是目前中国最大的电子企业。(　　　)
7. 在同类产品中,华光汉字激光照排系统占领了全世界的主要市场。(　　　)
8. 中关村目前兴办了 52 个国家级高新技术产业开发区。(　　　)
9. 国务院要求把中关村建成全国一流的科技园区。(　　　)
10. 发展知识经济,是中国一项跨世纪的重大战略措施。(　　　)
11. 开发开放浦东,是中国改革开放迈出的第一步。(　　　)
12. 中关村在 20 世纪发生了翻天覆地的变化。(　　　)

五、听完句子,选择正确答案

1. A. 18.4%　　　　　　　　　　　B. 14.8%
　　C. 19.2%　　　　　　　　　　　D. 7.4%
2. A. 招待会特点的内容　　　　　　B. 多少记者提了问题
　　C. 记者们关心的事情　　　　　　D. 中外记者们的反应
3. A. 教育市场　　　　　　　　　　B. 金融市场
　　C. 科技市场　　　　　　　　　　D. 人才市场

六、听完课外听力材料,介绍主要内容

☞　　　　　**听　前　提　示**

1. 经济特区

国家根据建设和发展的需要,为实行特殊的经济政策和管理体制而划分的地区,简称特区。从 1980 年 5 月起,中国先后在广东深圳、汕头、珠海、福建厦门和海南岛兴办 5 个经济特区。特区在社会主义现代化建设中发挥着对外开放窗口作用和经济体制改革试验作用。

2．浦东

上海市黄浦江以东、长江入海口以西的地区,面积 522 平方公里。它位于中国海岸线中点,面对太平洋与东南亚国家和地区,是发展经济和加强国际交往的理想地带。

3．知识经济

一种以知识为资本,建立在知识和信息生产、分配与应用之上的经济,亦称"智力经济"。为英文 knowledge economy 的译文。

4．庚子赔款

1900 年,英、美、德、法、日、俄、意、奥 8 国联军攻占北京,强迫清朝政府在第二年订立《辛丑(xīnchǒu)条约》,其中规定中国付给各国"偿款"982238150 两白银,以海关税、常关税和盐税作抵押。1900 年恰好是中国的庚子年,故这笔赔款通称"庚子赔款"或"庚款"。

背 景 知 识

1．我国形成全方位、多层次和宽领域对外开放格局

中国的对外开放,从 1980 年建立经济特区开始,由沿海地带不断向中西部辐射(fúshè),从沿边地区陆续向内陆地区蔓延(mànyán),先后对外开放了上海、天津、大连、广州等 14 个沿海港口城市,长江和珠江三角洲等沿海经济开放区、上海浦东新区、黑龙江省黑河等 13 个沿边城市,开放了重庆、武汉、长春、昆明、西安等数十个沿江与内陆城市。此外还建立了 32 个国家级经济技术开发区,53 个高新技术产业开发区,11 个国家旅游度假区。

到目前为止,中国已经建立起包括 339 个市县、3 亿多人口、50 万平方公里的对外开放地区,形成了全方位、多层次和宽领域的对外开放格局。

2．专题报道

这是对听众或观众所关心的人物、事件、经验或新事物等进行深度报道的一种广播电视新形式。它往往围绕社会难点或热点问题,就事实进行深入分

析、解释，夹叙夹议，"以今日之事态，核对（héduì）昨日之背景，说出明日之局面"，引起听众或观众的思考与共鸣（gòngmíng）。

语言知识与听力训练

1. 解说词的语言特点

供播音员播报的解说词，是电视新闻中听觉语言的一部分。它的任务是紧密配合画面，准确说明画面，保证把新闻信息如实地传播给观众。

解说词是一种特殊文体。其语言特点如下：

1. 语言朴实准确，实事求是地报道新闻事实真相，既不言过其实（yánguò qíshí），也不含混（hánhùn）不清；

2. 简明扼要，避免冗长（rǒngcháng）。电视新闻的长度以秒计算，解说词必须在画面显示的时间内播完，如果不简明，用字偏多，就会同画面争时间，加快播报语速，影响收看效果；

3. 通俗易懂，力求口语化。电视新闻解说，是播音员与观众面对面的交流，用群众语言播报，亲切自然。如说书面语或爱用"术语"，不利于与观众的沟通；

4. 具有不完整性。电视新闻以画面为主体，画面本身可以"说话"。解说词只补充、解释画面上没有的东西。有些解说词离开画面让人觉得不完整，甚至听不懂，其实这不但不是"毛病"，恰恰是解说词所必备的特点，否则就会给人重复的感觉。

2. 不熟悉常用词是影响听力水平的重要障碍

《逆向法巧学英语》（钟道隆著，1999 年，清华大学出版社）谈到影响听力的障碍时有这样一段话，现将它摘录于后，以飨（xiǎng）大家：

"从不少人的实验经验看，对于大多数人而言，影响听力的主要障碍不是词汇不够的问题，而是对于基本的英语常用词不'熟'的问题。如果对于基本的英语常用词'熟'到能习惯成自然地'脱口而出，信手拈来'，听到立即能懂，一写就对，同时对词义的理解面也比较宽的话，听懂一般技术交流是不会有太大困难的。"

第 十 四 课

生 词

1. 更始	（动）	gēngshǐ	replace and get a new start; renew
2. 交替	（动）	jiāotì	supersede; replace; alternately; in turn
3. 龙年	（名）	lóngnián	year of dragon
4. 面孔	（名）	miànkǒng	face
5. 气息	（名）	qìxī	breath; flavour; smell
6. 风筝	（名）	fēngzheng	kite
7. 图案	（名）	tú'àn	pattern; design
8. 憧憬	（动）	chōngjǐng	long for; look forward to
9. 撞	（动）	zhuàng	strike; bump
10. 列入	（动）	lièrù	enter in a list
11. 华人	（名）	huárén	Chinese
12. 团聚	（动）	tuánjù	reunite
13. 欢欣鼓舞	（成）	huānxīn-gǔwǔ	be elated; be filled with exultation
14. 民俗	（名）	mínsú	folk custom; folkways
15. 守岁	（动）	shǒusuì	stay up late or all night on New Year's Eve
16. 年夜饭	（名）	niányè fàn	the dinner of the lunar New Year's Eve
17. 戏曲	（名）	xìqǔ	traditional Chinese opera
18. 豪情	（名）	háoqíng	lofty sentiments
19. 主题	（名）	zhǔtí	theme; topic; subject
20. 收视率	（名）	shōushìlǜ	(TV etc.) watching rate
21. 温馨	（形）	wēnxīn	cozy

22. 期待	（动）	qīdài	expect; look forward to
23. 曙光	（名）	shǔguāng	first light of morning; dawn
24. 教堂	（名）	jiàotáng	church
25. 金字塔	（名）	jīnzìtǎ	pyramid
26. 给予	（动）	jǐyǔ	give
27. 奖励	（动、名）	jiǎnglì	award; encourage and reward
28. 太空	（名）	tàikōng	outer space
29. 象征	（动、名）	xiàngzhēng	symbolize; symbol
30. 蒸蒸日上	（成）	zhēngzhēng-rìshàng	becoming more prosperous every day
31. 倒计时	（动）	dàojìshí	count backwards
32. 凌晨	（名）	língchén	before dawn
33. 电钮	（名）	diànniǔ	push button

专　名

1. 汉城	Hànchéng	Seoul
2. 莫斯科	Mòsīkē	Moscow
3. 克里姆林宫	Kèlǐmǔlíngōng	the Kremlin
4. 巴黎	Bālí	Paris
5. 伦敦	Lúndūn	London
6. 泰晤士河	Tàiwùshì Hé	Thames River
7. 里约热内卢	Lǐyuērènèilú	Rio de Janeiro
8. 纽约	Niǔyuē	New York
9. 光华门	Guānghuámén	name of a place
10. 中华世纪坛	Zhōnghuá Shìjìtán	Chinese Millenium Altar
11. 弋楠	Yì Nán	name of a person
12. 黄宇飞	Huáng Yǔfēi	name of a person

××××××××××× 练 习 ×××××××××××

一、常见词组

| 憧憬 | 团聚 | 奖励 | 象征 |
| 政府憧憬 | 全家团聚 | 政府奖励 | 象征国家 |

单位憧憬	亲人团聚	单位奖励	象征人民
憧憬模范	希望团聚	奖励模范	象征科学
憧憬工人	团聚半天	奖励教师	英雄的象征
憧憬未来	团聚三次	奖励办法	勇敢的象征

二、听完范句,简要回答问题

1. 8 个范句里有几个句子谈到了春节晚会?
2. 孩子们通过风筝上的画表达了什么感情?
3. 2000 年春节晚会的主要特点是什么?
4. 中国的春节晚会为什么被列入吉尼斯世界记录?
5. 海外华人为什么很关心春节晚会?
6. 2000 年的春节恰好是中国龙年的哪一天?
7. 韩国迎接新千年庆祝活动有什么特点?
8. 请猜猜各国人民都在为什么到来而欢欣鼓舞?
9. 这 8 个句子主要谈了哪两方面问题?

三、听完课文一,判断正误

1. 守岁和吃年夜饭,是中国人民过春节的新民俗。(　　)
2. 看春节联欢晚会的人数创造了吉尼斯世界记录。(　　)
3. 春节是中国最盛大的传统节日。(　　)
4. 2000 年的春节联欢晚会一共有 10 个多小时。(　　)
5. 中央电视台对北京市 3544 户收看电视晚会情况进行了电话抽样调查。(　　)
6. 8 成以上的观众觉得 2000 年春节晚会办得好或比较好。(　　)
7. 海外华侨华人希望中央电视台多为他们办几台好的联欢晚会。(　　)
8. 北京观众认为春节晚会是人人喜欢的一道过年文化大餐。(　　)
9. 这里主要介绍了 3 位观众对春节晚会的反映。(　　)
10. 中央电视台从 1981 年开始举办春节联欢晚会。(　　)
11. 中央电视台的各种联欢晚会,一直是中国社会各界关注的焦点。(　　)

四、听完课文二,选择正确答案

1. A. 东方响起钟声的时候　　　　　B. 历史新时刻到来的时候
   C. 第 21 响钟声结束的时候　　　　D. 世界人民每年欢欣鼓舞的时候
2. A. 克里姆林宫　　　　　　　　　B. 瓦西里教堂
   C. 俄罗斯电台广场　　　　　　　D. 莫斯科电视台

3. A. 金字塔前面的舞台　　　　　　　　B. 金字塔舞台前面
   C. 金字塔后面的舞台　　　　　　　　D. 太阳升起大舞台
4. A. 英国的伦敦　　　　　　　　　　　B. 俄罗斯的莫斯科
   C. 美国的纽约　　　　　　　　　　　D. 法国的巴黎
5. A. 1990 年　　　　　　　　　　　　　B. 1914 年
   C. 1994 年　　　　　　　　　　　　　D. 1997 年
6. A. 表达市民希望自由和不断前进的愿望　B. 展览孩子们亲手画的图案
   C. 象征着 2000 年更加美好　　　　　　D. 表达孩子们对未来的憧憬和祝福
7. A. 各项庆祝活动进入了倒计时　　　　B. 庆祝活动时间最长
   C. 今年参加人数比往年多 1 倍　　　　D. 在这里举行迎新年活动次数最多
8. A. 日本和韩国　　　　　　　　　　　B. 德国和朝鲜
   C. 埃及和英国　　　　　　　　　　　D. 美国和法国
9. A. 江泽民主席　　　　　　　　　　　B. 北京 20 名各界代表
   C. 25000 名各界人士　　　　　　　　D. 21 名首都群众代表
10. A. 点燃象征美好未来的圣火　　　　　B. 高高兴兴地看艺术家表演节目
    C. 修建庆祝新千年到来的工程　　　　D. 欢欣鼓舞地举行庆祝活动

五、听完课外听力材料,介绍主要内容

 听 前 提 示

1. 吉尼斯世界记录

　　被《吉尼斯世界记录大全》一书编者认定的包括人类与非人类各个领域的"世界之最",都称做吉尼斯世界记录。各项记录都是编者认为最有意义的,并且必须是能够度量和比较的。

2. 抽样调查

　　一种常见的调查方法。从调查对象总体中抽选出可作标准的有代表性的部分进行调查,以其结果推断(tuīduàn)总体的一般情况。

3. 中华世纪坛

　　中国为迎接新世纪、新千年兴建的纪念性、标志性建筑。坐落于北京西郊。占地约 4.5 公顷,总建筑面积为 3.5 万平方米,由圣火广场、中华圣火、青铜甬道、坛体、世纪大厅、雕塑、绿化带、灯光夜景以及地下部分组成。建坛旨在展示中华文化的神奇魅力,教育和激励中华民族子孙继承传统,再创大业。

背 景 知 识

1. 中国的主要节假日

中国的节假日包括传统节日和现代节假日两种。春节、元宵节、清明节、端午节、中秋节、重阳节等是传统节日。现在主要节假日有:

1月1号	元旦
农历正月初一	春节
3月8号	国际妇女节
5月1号	国际劳动节
5月4号	中国青年节
6月1号	国际儿童节
8月1号	建军节
10月1号	国庆节
农历八月十五	中秋节

2. "拜年"习俗的变革

"拜年"就是春节的时候向人祝贺新年,这是中华民族的古老习俗,已经有上千年的历史了。晚辈给长辈拜年,体现了一个"敬"字,朋友之间拜年,体现了一个"情"字,同志之间拜年,体现了一个"礼"字。

随着社会的进步,拜年的方式也在不断变化。20世纪初,拜年的方式是磕头(kētóu),新中国刚成立时是鞠躬(jūgōng),20世纪60年代末是"团拜",80年代末电话拜年、呼机拜年的人越来越多了。现在拜年方式日益多样,人们完全可以自由选择。

语言知识与听力训练

1. 广播电视现场报道的语言特色

广播电视现场报道,是记者或主持人在事件现场进行的口头报道。虽说事前可以预备一份较为详细的基本稿件,但更多的是现场即兴解说,所以语速和语气变化都比较大。一般说来,介绍性的话语语速较慢,语气比较平缓

（pínghuǎn），描述性的语速较快，情绪和语气较为激昂；话语之间跳跃性大，连贯性不强，并且常用时间词、代词和方位词。

　　现场报道要求记者或主持人，用生动形象的话语配合图像及时把信息传播给听众或观众。记者或主持人具备较高的语言修养和"出口成章"的能力，才能绘声绘色（huìshēng-huìsè）地进行现场报道。

2. 怎样训练和提高抓住关键信息的能力

　　听懂新闻内容，获取主要信息，是同学们收听收看广播电视新闻的主要目的之一。通常情况下，关键信息常常体现在导语、语段的中心句、播音的重音、停顿、语气、语调以及关联词等标识语上。因此，要撷取所需要的关键信息：首先要认真收听收看新闻导语，注意每段的第一句话，捕捉（pǔzhuō）最新鲜的信息；其次要把握重点范句的句子主干部分，记住主要动词及其宾语中心词，注意说话人"重申"、"强调"、"特别指出"等动词后边的有关内容；第三，借助关联词、序数词等标识语，区分内容轻重，捕捉主要信息；第四，利用解说和谈话的词重音、句重音、语句重复和富有变化的语气语调，获取主要信息。

第 十 五 课

生　　词

1. 旅游	（名）	lǚyóu	tour; tourism
2. 前景	（名）	qiánjǐng	prospect
3. 持续	（动、形）	chíxù	keep up; continuous
4. 接待	（动）	jiēdài	receive
5. 入境	（动）	rùjìng	enter a country
6. 时尚	（名）	shíshàng	fashion; vogue
7. 恐慌	（形）	kǒnghuāng	panic; scary
8. 分流	（动）	fēnliú	disperse the stream of people; scatter a huge crowd
9. 均衡	（形）	jūnhéng	balanced; proportionate
10. 淡季	（名）	dànjì	slack season
11. 寺庙	（名）	sìmiào	temple
12. 古迹	（名）	gǔjì	historic site
13. 厌倦	（动）	yànjuàn	be tired of
14. 区域	（名）	qūyù	region
15. 危机	（名）	wēijī	crisis
16. 赚取	（名）	zhuànqǔ	make a profit
17. 多极化	（动）	duōjíhuà	multipolarize
18. 远洋	（名）	yuǎnyáng	oceanic; oceangoing
19. 探险	（动）	tànxiǎn	explore

专　　名

1. 何光昕		Hé Guāngwěi	name of a person

| 2. 弗朗切西科·费兰贾利 | Fúlǎngqièxīkē·Fèilánjiǎlì | name of a person |
| 3. 沙莫尼 | Shāmòní | name of a place |

━━━━━━━━━━ 练 习 ━━━━━━━━━━

一、常见词组

接待	分流	避免
接待游客	分流毕业生	避免伤亡
接待朋友	分流下岗人员	避免损失
接待代表团	分流剩余劳动力	避免失败
接待贵宾	分流资金	避免发生事故
接待群众代表	分流财富	避免受到伤害

赚取	预测
赚取外汇	预测未来
赚取收入	预测变化
赚取利润	预测人生
赚取收益	预测经济形势
赚取大笔资金	预测事件的后果

二、听完范句,判断下列每组句子的意思是不是一样

1.
A. 去年我国接待入境旅游者达到 7279 万人次,比上一年增长 14%。
B. 去年我国接待境外旅客达到 7279 万人次,和上一年相比增长 17%。

2.
A. 要是上述问题解决得好,那么国家旅游局 20 年发展目标是可以实现的。
B. 如果上述问题解决得好,那么国家旅游局 20 年发展目标是可以实现的。

3.
A. 调查报告认为,不论是工业化国家还是发展中国家,旅游业的经济支柱地位是不会改变的。
B. 调查报告认为,无论是工业化国家还是发展中国家,旅游业作为经济支柱的地位是不会改变的。

4.
A. 现在欧洲虽然还是世界旅游业最发达的地区,可是,在全世界旅游业中的比重已经下降,从 1991 年的 62% 下降到 1997 年的 58% 左右。
B. 现在欧洲虽然仍是世界旅游业最发达的地区,但是在世界旅游业的比重已经从 1991 年的 62% 下降到 1997 年的 58% 左右。

5. {
  A. 春节、"五一"、暑期、"十一"这 4 个节假日,形成了国内旅游的 4 个高峰,包括春节、"十一"期间的国内旅游人数竟达到了 5800 万人次。
  B. 春节、"五一"、暑期、"十一"这 4 个节假日,形成了国内旅游的 4 个高峰,其中仅春节、"十一"期间的国内旅游人数就达到了 5800 万人次。
}

6. {
  A. 北美地区旅游人数增长不多的原因是到美国的人数减少了 1.3%,降到 4217 万人次。
  B. 北美地区旅游人数之所以增长不多,是到美国的人数减少了 1.3%,降到 4217 万人次。
}

三、听完课文一,选择正确答案

1. A. 去年中国接待入境旅游人数达到 7279 万人,比上年增长了 14.9%。
   B. 旅游外汇收入 141 亿元,增长了 11.9%,提前一年实现了"九·五"计划指标。
   C. 国内旅游人数达到 7.19 亿人,比上一年增长了 3.6%。
   D. 国内旅游收入和外汇收入分别比上一年增长了 18.4% 和 11.9%。

2. A. 国内旅游消费扩展了相关行业市场,带动了其他经济部门的发展。
   B. 政府部门、旅游企业和消费时尚引导的结果。
   C. 政府部门、旅游企业和消费时尚的引导和国务院出台延长节假日规定后产生的结果。
   D. 国内旅游在春节、"五一"、暑期和国庆节形成了 4 个高峰,旅游人数达到了 5800 万人次,旅游支出达到 281 亿元。

3. A. 消费时尚、假期延长、收入提高、中央政府的大力支持和交通部门自身的努力。
   B. 消费时尚、假期延长、收入提高和各地政府、交通部门的支持和旅游居民自身的努力。
   C. 除了消费时尚、假期延长、收入提高的原因外,还有各地政府、交通部门和旅游部门的大力支持。
   D. 除了消费时尚、假期延长、收入提高的原因外,还有各地政府、交通部门的大力支持和旅游部门自己的努力。

4. A. 今年元旦、春节、"五一"、暑期和国庆节 5 个高峰。
   B. 今年元旦、"五一"、暑期、"十一"和 21 世纪元旦这 5 个高峰。
   C. 春节、"五一"、暑期、国庆节和 21 世纪元旦这 5 个高峰。
   D. "五一"、暑期、"十一"和 21 世纪元旦 4 个高峰。

5. A. 要做好 3 方面的准备:提高接待能力和接待质量、让旅游居民适当分流和解决好交通问题。
   B. 要做好 4 方面的准备:提高接待能力和接待质量、让旅游者适当分流、解决好交通问题、消除旅游者对"千年虫"的恐慌心理。

    C. 要做好以下 4 方面的准备:提高接待能力和接待质量、让旅游居民适当分流、解决好交通问题和开发旅游新项目。

    D. 要做好以下这 4 方面的准备:提高接待能力和接待质量,让旅游居民适当分流、解决好交通问题和创造性地开发新项目,如看高山大海、寺庙古迹等。

6. A. 到 2020 年,中国入境旅游人数达到 1.35 亿到 1.45 亿人次,比 1998 年增加 1.1 倍到 1.3 倍。

    B. 国际旅游外汇收入 520 亿到 750 亿美元,是 1998 年的 3.1 倍到 4.9 倍。

    C. 国内旅游收入 1.9 万亿到 2.7 万亿美元,增长 6.9 倍到 10.3 倍。

    D. 到 2020 年中国旅游业总收入将超过 3.3 万亿元人民币,将近是目前的 1 倍。

四、听完课文二,判断正误

1. 21 世纪旅游业将成为世界第一产业,到 2020 年全球游客人数将达到 15 亿,总收入达到 2 万亿美元。（　　）

2. 世界旅游组织秘书长最近对 21 世纪旅游业的发展前景进行了预测。（　　）

3. 由于近几年来受到区域性经济危机的影响,1998 年世界旅游业仍然没有获得良好的发展。（　　）

4. 去年全球外出观光人数和旅游收入分别比 1960 年增长 9 倍和 63.5 倍。（　　）

5. 现在,世界上接待游客最多的地区是欧洲,其次是北美洲,再其次是亚洲,中、南美洲国家是旅游业欠发达的地区。（　　）

6. 去年到美国旅游的人数减少 1.3%,所以美国在国际旅游中赚取的外汇份额也不太高。（　　）

7. 世界新的旅游大市场正在形成和发展,世界旅游业向多极化发展的趋势正在加强。（　　）

8. 2015 年国际旅游人数将达到 12 亿人次,全年收入将达到 2.2 万亿美元。（　　）

9. 据预测,未来 10 年旅游业是世界经济领域发展最快的部门。（　　）

10. 到 2010 年,全世界的旅游观光业将再为 1 亿人提供就业机会。（　　）

11. 当前各国旅游部门最重要的任务就是要培养高素质的管理人才。（　　）

12. 本文的内容说明,世界旅游业在 21 世纪前景广阔。（　　）

五、听完课文三,回答问题

1. 去年云南省接待旅游人数和旅游业收入情况怎么样?
2. 这则消息的内容说明了什么?

六、听完课外听力材料,介绍主要内容

 听 前 提 示

1."九五"计划

"中华人民共和国国民经济和社会发展第九个五年计划(1996～2000年)"的简称。

2.国务院出台延长节假日的规定

指1999年9月18日国务院修订发布的《全国年节及纪念日放假办法》。其中规定:"全体公民放假的节日:(一)新年放假1天(1月1日);(二)春节放假3天(农历正月初一、初二、初三);(三)劳动节放假3天(5月1日、2日、3日);(四)国庆节放假3天(10月1日、2日、3日)。修改后的规定比原来1年多4天假。

3."千年虫"

对电子计算机2000年问题的俗称。早期设计制造的电子计算机是使用2位10进制数字来表示年份的,如"1918"、"1956"、"1987"、"1998"分别用"18"、"56"、"87"、"98"来表示。这样,当时间进入2000年以后,计算机就会把"2000"误认为"1900",给科研、金融、工商业、交通运输和电讯业等造成严重混乱。

背 景 知 识

1.中国的旅游业

作为文明古国,中国在旅游方面有着悠久的历史。中国人的旅游活动可以追溯(zhuīsù)到几千年以前。中国幅员(fúyuán)广大、历史悠久,自然景观和人文景观都十分丰富。新中国成立后,特别是改革开放以后,中国旅游业获得迅速发展。到1999年旅游入境人数和外汇收入分别达到7279万人次和140.9亿美元,位居世界第5位和第7位,国内旅游人数达到7.19亿人次,收入达2831亿元。

来华旅游入境人数及旅游外汇收入
- 来华旅游入境人数(万人)
- 旅游外汇收入(亿美元)

年份	1978	1980	1985	1990	1995	1998
入境人数	181	570	1783	2746	4639	6348
外汇收入	2.63	6.17	12.5	22.18	87.3	126

2. 现在播报

中央电视台的综合性新闻节目之一。除播报当天国内外重大新闻外,还播报问题性、批评性报道。1999年7月开播,每晚9:00在第一套节目中播出30条新闻,已成为中央电视台仅次于"新闻联播"的名牌新闻节目,深受观众欢迎。

语言知识与听力训练

1. 新闻中表示事物顺序或数量的习惯说法

广播电视新闻中说到事物数量或顺序的时候,通常有下面几种习惯性说法。一是:"首先……,其次……,再(其)次……,最后……";二是:"第一……,第二……,第三……";三是:"一来……,二来……,再有……"等。

2. 怎样训练和提高联想猜测能力

联想猜测能力的高低,直接影响着听力理解水平的发展和提高。下面一些做法,对训练和提高联想猜测能力是有益的。

① 利用标题、提要、导语猜测新闻要点。电台、电视台的"报摘"和"联播"节目,每次播出近30条新闻,根据"提要"可猜测节目的重点"要闻"。

② 利用上下文语境(yǔjìng),猜测"下文"内容要点。如第12课的"小展台显国力",透过广交会各个阶段展品"升级换代"的变化,猜测出由"土特产品

88

——纺织品——机电产品——火箭产品"的"质变"情景及其展现"国力"的过程。在多次猜测、验证(yànzhèng)过程中,能逐步"悟"出一些联想猜测的规律。

③ 利用关联词,猜测语义和内容重点。如听到"由于"、"如果",可猜测将出现什么结果;听到"但是",会联想到中国人"常在'但是'后面作文章"的思维(sīwéi)习惯,猜测下文一定与上文意见相反,并且是要强调的重点。

④ 根据构词法等知识,联想猜测新词词义,扩大词汇量。

第 十 六 课

生 词

1. 占有	（动）	zhànyǒu	possess；occupy
2. 短缺	（动）	duǎnquē	shortage；lack
3. 丰年	（名）	fēngnián	year of bumper harvest
4. 油料	（名）	yóuliào	raw material of vegetable oil
5. 作物	（名）	zuòwù	crop（oil-bearing crops）
6. 更换	（名）	gēnghuàn	change
7. 誉	（动、名）	yù	praise；reputation
8. 杂交	（动）	zájiāo	hybridize；cross
9. 水稻	（名）	shuǐdào	paddy rice
10. ……之父		……zhī fù	father of...
11. 序幕	（名）	xùmù	prelude；prologue
12. 借助	（动）	jièzhù	have the aid of；draw support from
13. 示范	（动、名）	shìfàn	demonstrate；model
14. 介入	（动）	jièrù	intervene；get involved
15. 捷报	（名）	jiébào	news of victory；report of a success
16. 穗	（名）	suì	the ear of grain；spike
17. 依托	（动）	yītuō	rely on；depend on
18. 疲软	（形）	píruǎn	fatigued and weak；weakened；slump
19. 平淡	（形）	píngdàn	flat；prosaic；dull
20. 供大于求	（成）	gōng dà yú qiú	supply exceeds demand
21. 陈粮	（名）	chénliáng	old grain；stale grain
22. 压库		yākù	keep long in stock

专　名

1．袁隆平	Yuán Lóngpíng	name of a person
2．联合国粮农组织	Liánhéguó Liáng-Nóng Zǔzhī	The Food and Agriculture Organization of the United Nation（FAO）

练　习

一、常见词组

播种	更换	推广
播种水稻	更换品种	推广技术
播种小麦	更换部件	推广经验
播种农作物	更换零件	推广普通话
播种面积	更换车辆	推广新方法
播种棉花	更换教材	推广先进教学法

依托	稳定
依托科学技术	稳定政策
依托新生力量	稳定情绪
依托青年一代	稳定人心
依托第三产业	稳定播种面积
依托人民群众	稳定社会秩序

二、听完范句,简要回答问题

1. 现在中国人均大约有多少粮食?
2. 谁被誉为中国杂交水稻之父?
3. 世界粮食产量最高的是哪个国家?
4. 到 2030 年中国将有多少人口?
5. 这 6 个句子中的主题词是什么?

三、听完课文一,判断正误

1. 新中国成立 50 年来,中国人口从 4.5 亿增加到 12 亿多,人均粮食占有量

也从 200 斤增加到 400 斤。（　　）

2. 现在中国食品已经不再短缺,食品短缺的历史已经结束了。（　　）

3. 袁隆平等科学家研究培植的"三系法"杂交水稻使中国水稻亩产增加了两成,每年增产的稻谷可以养活 5000 多万人。（　　）

4. 1992 年初,中国借助联合国粮农组织的力量,在全世界推广杂交水稻技术。（　　）

5. 1994 年,一位美国国际问题专家再次提出未来谁来养活中国的问题,他认为,未来中国无法向众多的人民提供足够的粮食。（　　）

6. 中国农业部负责人说,2030 年中国人口达到 16 亿的时候,预计每年需要粮食 6 亿多吨。（　　）

7. 中国农业部负责人说,今后中国粮食每年递增 7% 就可以满足人口增长的需要。（　　）

8. 新中国成立 50 年来,中国每年平均增产粮食 80 亿公斤,每年递增达到了 3%。（　　）

9. 现在高新技术已经介入了农业生产的每一个领域,科技对农业生产的贡献率达到了 72%。（　　）

10. 1996 年 10 月从上海、沈阳传来了水稻研究的好消息,特别是大穗型直立水稻的培育成功,将使中国的水稻大幅度增产。（　　）

11. 在未来的岁月里,中国依靠自己的力量,不但能把中国人养得活,而且还会养得好。（　　）

四、听完课文二,判断 A、B 两句的意思是不是一样

1.
{ A. 中国粮食生产取得了巨大成就,已经从长期短缺变为丰年有余。
{ B. 中国粮食生产取得了巨大成就,已经从经常短缺变成丰年有余。

2.
{ A. 从 1949 年到 1998 年的 49 年间,中国粮食总量从 11318 万吨增加到 51230 万吨,增长了 3.5 倍。
{ B. 自 1949 年至 1998 年的 49 年间,中国粮食总产量从 11318 万吨增加到 51230 万吨,增加了 3 倍半。

3.
{ A. 中国 1998 年的粮食总产量比 1949 年增长了 3.5 倍。
{ B. 中国 1998 年的粮食总产量是 1949 年的 3.5 倍。

4.
{ A. 在过去的 49 年间,中国粮食总产量平均每年增长 3%,超过同期的世界平均增长速度。
{ B. 在过去的 49 年间,中国粮食总产量年递增 3%,比同期的世界平均增长速度高。

5. {
A. 改革开放的 20 年中,中国粮食总产量平均每年增长 1038 万吨,比前 29 年的平均增长量高 40%。
B. 改革开放的 20 年中,中国粮食总产量平均每年增长 1038 万吨,是前 29 年的平均增长量的 40%。
}

6. {
A. 目前中国一年的粮食综合生产能力基本稳定在 5 亿吨左右。
B. 现在中国一年的粮食综合生产能力基本稳定在 5 亿吨以上。
}

7. {
A. 中国粮食总产量占世界总产量的比重已经由 1949 年的 17% 上升到 1998 年的 25%。
B. 中国粮食总产量占世界总产量的比重已从 1949 年的 17% 提高到 1998 年的 25%。
}

8. {
A. 中国粮食总产量已经位居世界首位,人均占有量达到或超过世界平均水平,供求关系发生了历史性变化。
B. 中国粮食总产量已经位居世界第一位,人均占有量达到或超过世界平均水平,供求关系发生了历史性变化。
}

五、听完课文三,简要回答问题

1. 今年中国大米供求状况将会怎样?
2. 中国国内大米价格持续下降的原因有哪几个?
3. 中国今年能不能通过出口来带动国内价格的提高?为什么?
4. 中国大米市场持续疲软表现在哪里?

六、听完课外听力材料,介绍主要内容

听 前 提 示

1. 三系法杂交水稻

利用水稻三系配套即雄性不育系、雄性不育恢复系和雄性不育保持系培育杂交水稻的种子。这种杂交水稻种子的特点是杂交优势强而且能长期保持这种优势。1970 年中国农业科学家袁隆平等人发现了雄性不育系,广西水稻杂交利用组又发现了雄性不育恢复系,从而实现了三系配套。这是中国农业科学家取得的一项重大科研成果。这种杂交稻使中国水稻平均亩产提高了 20%,一年所增产的稻谷能养活 5000 万人。

2. 绿色革命(Green Revolution)

20 世纪 70 年代以来,由发达国家投资并派遣技术力量在发展中国家所从

事的农业改良运动。这一运动始于 20 世纪 40～50 年代的拉丁美洲各国,60 年代遍及亚洲各国。在 60 年代,一些国际农业研究机构培育出一批新品种,推广后使许多国家的粮食生产获得大面积大幅度增产。这一运动被人们认为是与 18 世纪的产业革命一样重要的以绿色为标志的革命,故名。中国三系法杂交水稻的培育成功和在世界范围内的推广则被誉为"第二次绿色革命"。

3. 一位美国国际问题专家

指未来学派中悲观论的代表人物、美国世界观察研究所所长莱斯特·布朗。他在 20 世纪 90 年代中期提出了"下个世纪将产生世界粮食危机"的观点。他还特别提出由于中国人口的增长和粮食生产能力的不足,中国自己将无法向众多的人民提供足够的粮食而不得不依靠大规模的粮食进口,从而给世界粮食安全带来严重威胁。中国农业部负责人对此提出了完全不同的看法。

背 景 知 识

1. 中国粮食产量世界第一

中国是个文明古国,也是个农业大国,虽然自古以来就有"民以食为天"的说法,但是千百年来,中国的粮食一直"短缺",直到新中国成立以后,才真正解决了粮食这个大问题。

据中国国家统计局统计:中国粮食产量从 1949 年的 1 亿多吨,已增加到 1998 年的 4.9 亿吨以上,增产粮食近 4 亿吨,每年平均增产 800 多万吨。粮食总产量占世界第一位。如今,中国平均每人占有粮食 400 公斤以上,创造了用世界 10% 的耕地,养活近 20% 世界人口的奇迹。

在农业连年丰收,农产品相对富裕的情况下,中国采取了调

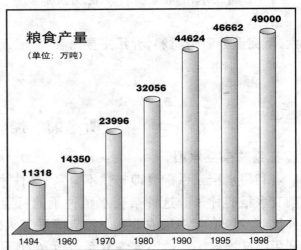

整农业结构的战略措施。今后,将积极发展畜牧业、林业和水产业,发展粮食和其他农产品深加工,面向市场发展优质产品。

2. 中央电视台的农业节目

中央电视台第七套节目设有"农业频道"。现在,每天播报的节目有:12:35的"农村经济",13:07的"科技苑",14:00的"农业教育",18:07的"农村各地",21:00的"农业新闻",21:14的"致富经"等。

━━━━ 语言知识与听力训练 ━━━━

1. 数字"1、4、7、10"要听准确

汉语中有些音素是外国学生母语中没有的或难以分清掌握的。特别是"j q x"、"zh ch sh"和"z c s"3组声母构成的字或词。由于自己没有找准发音部位,在听某些音节时就常常听错。在听数字"1、4、7、10"的时候尤其要注意。

2. 注意辨别"句型不同而内容相同"和"句型相似而内容不同"的句子

一种思想内容可以用多种句型来表达,这是语言形式丰富性的体现,也是语文习得者水平提高了的标志。如"由……提高到……"、"从……提升到……"、"自……上升到……"其意思是一样的。也有的句型十分相似或相近,但所表达的意思则是不同的。如"中国1998年粮食总产量比1949年增长了3.5倍"与"中国1998年粮食总产量是1949年的3.5倍",这两个句子的意思是不相同的。因为"比1949年增长了3.5倍"和"是1949年的4.5倍"的意思相同。这两种情况在听力练习时特别要注意分清。

第 一 课

二、听完范句后,回答问题

范　　句

1. 中央人民广播电台,现在是新闻和报纸摘要节目时间。

2. 各位观众,欢迎您继续收看中央电视台的其他节目。

3. 现在我们再回顾一下这次节目的主要内容。

4. 首都庆祝中华人民共和国成立 50 周年大会在天安门广场隆重举行。

5. 中央电视台从上午 9 点 55 分开始直播首都国庆庆典盛况。

6. 这次"新闻和报纸摘要"节目是由方明、林如播送的。

7. 《中国电视报》报道:16 集记录片《新中国》近期将在中央电视台一套黄金时间播出。

三、听完下面新闻常用语,判断正误

1. 中央电视台,真诚为您服务。

2. 各位听众,早上好。

3. 观众朋友们,晚上好。

4. 中央人民广播电台,现在是"新闻和报纸摘要"节目时间。

5. 中央电视台,现在是"新闻 30 分"节目时间。

6. 欢迎收看"新闻联播"节目。

四、听完下面新闻常用语,回答问题

1. 今天是 9 月 1 号,星期三,农历七月廿二。

2. 首先请看内容提要。

3. 下面请听这次节目的详细内容。

4. 现在播报刚刚收到的最新消息。

5. 今天上午 8 点 30 分,本台有重要广播,欢迎收听。

6. 《中国电视报》报道:16 集记录片《新中国》,近期将在中央电视台一套黄金时间播出。

五、听完下面 5 个句子,比较每组 A、B 两句意思是不是一样

1. 下面再向您介绍一下这次"新闻联播"节目的主要内容。

2. 现在我们再回顾一下这次节目的主要内容。

3. 这次早间新闻播送完了,感谢您收看,下次再见。

4. 各位观众,欢迎您继续收看中央电视台的其他节目。

5. 这次"新闻和报纸摘要"节目是由王平、张华编辑,方明、林如播送的。

六、听完课文,选择正确答案

课文　　　　　　　预告部分节目内容

50 周年举国欢庆,万众欢庆荧屏传情。

中国中央电视台。

1999 年 10 月 1 号,北京天安门一场辉煌的国庆盛典。

走过苍茫岁月,走出来一个站起来的伟大民族;走进改革开放,走出来一个富起来的新中国;走向新的世纪,走向中华民族的伟大复兴!

10 月 1 号上午 10 点,首都各界庆祝中华人民共和国成立 50 周年大会在天安门广场隆重举行。中央电视台从上午 9 点 55 分开始直播庆典盛况。

中央电视台第一套节目,将在 9 月 30 号晚隆重推出庆祝中华人民共和国成立 50 周年大型电视文艺晚会《江山如此多娇》。

1. 这是哪家电视台在预告节目?

2. 中华人民共和国成立 50 周年大会在哪儿举行?

3. 中央电视台什么时候开始直播国庆盛典情况?

4. 中国人民欢庆什么事情?

第 二 课

二、听完范句,简要回答问题

范 句

1. 今天白天,北京地区降水概率 10%。

2. 江泽民主席在天安门城楼上发表讲话。

3. 现在向您介绍首都报纸部分版面的内容。

4. 各大报纸都纷纷发表社论,热烈庆祝这一盛大节日。

5.《人民日报》社论的题目是《祖国万岁——热烈庆祝中华人民共和国成立 50 周年》。

6.《光明日报》刊登了一位名字叫祝强的中国公民的贺卡"祝祖国繁荣富强!"。

7. 在此,我们向全国各族人民和海内外爱国同胞致以节日的祝贺!

8. 让我们共同祝愿我们的祖国更加繁荣昌盛!

三、听完课文一,判断正误

课文一　　　　　　　电视台播报新闻提要

观众朋友们,晚上好!

今天是 10 月 1 号,星期五,农历 8 月 23。今天是新中国 50 岁生日。在此,我们向全国各族人民和海内外爱国同胞致以节日的祝贺!

让我们共同祝愿我们的祖国更加繁荣昌盛!

欢迎收看"新闻联播"节目。

首先请看内容提要:首都各界群众庆祝中华人民共和国成立 50 周年大会,今天上午在天安门广场隆重举行。党和国家领导人出席大会。江泽民主席在天安门城楼上发表讲话。全国各族人民共同祝贺祖国 50 年华诞。

江泽民同志在庆祝大会上发表重要讲话

各位观众,"新闻联播"节目播送完了。

谢谢收看。再见!

四、听完课文二,选择正确答案

课文二 介绍首都报纸的部分版面

各位观众,现在向您介绍首都报纸部分版面的内容。

今天《人民日报》、《经济日报》、《光明日报》、《中国青年报》、《北京日报》等首都报纸,都在第一版刊登国务院举行盛大国庆招待会的消息和新闻照片,还刊登了朱镕基总理在庆祝中华人民共和国成立50周年招待会上的讲话全文。各大报纸都纷纷发表社论,热烈庆祝这一盛大节日。《人民日报》社论的题目是《祖国万岁——热烈庆祝中华人民共和国成立50周年》。《经济日报》在《祝福你,祖国》的社论中指出:经过100多年的不懈探索,50年来的建设,中国人民终于站了起来,富了起来,强了起来。历史证明,只有在共产党领导下,中国才能拥有更美好的明天。中国青年是新中国建设的主要力量,《中国青年报》第四版刊登了5篇文章,报道了几位同志为建设祖国留下的业绩。《光明日报》第一版,刊登了一位名字叫祝强的中国公民的贺卡:"祝祖国繁荣富强!"。《经济日报》、《北京日报》和《人民日报》第四版,还刊登了祝贺新中国成立50周年的广告和摄影。《人民日报》第二版,刊登了中国和世界主要城市的天气预报。

1. 这一天首都几家报纸刊登了国庆招待会的新闻照片?
2. 哪家报纸可能没有刊登朱总理的讲话全文?
3. 哪家报纸的社论题目是《祝福你,祖国》?
4.《中国青年报》第几版刊登了介绍几位同志业绩的文章?
5. 3家报纸的第四版刊登了什么内容?
6. 祝强的贺卡内容是什么?
7.《人民日报》第二版还刊登了什么内容?
8. 刚才主要介绍了北京部分报纸哪些版面内容?

五、听完课文三,填空

课文三 北京天气预报

各位观众,今天您上班的时候,天气晴,风力一二级,气温是25℃,降水概率零。

今天白天,多云间晴,风力一级,最高气温30℃,降水概率10%。

今天您下班的时候,天气阴,风力三四级,气温28℃,降水概率95%。今天夜间有小雨。

第 三 课

二、听完范句,简要回答问题

范　句

1. 电视已经成为亿万人民群众不可缺少的精神食粮。
2. 中央电视台的节目能覆盖全世界 98% 的国家和地区。
3. 这是中国实行播音员、节目主持人持证上岗制度的一项重要措施。
4. 广播电视语言,对全社会的语言规范具有重大影响。
5. 新闻节目是广播电视节目的支柱,应该把它放在突出位置。
6. 一项调查表明,目前经常看电视新闻的观众大概占 55.1%。
7. 特别是"焦点访谈"、"新闻调查"、"今日话题"等电视新闻评论节目,更是引人注目。
8. 今后几年要把广播电视工作的重点放在农村,争取基本实现村村通广播电视。

三、听完课文一,判断正误

课文一　　　　　大力加强和突出新闻节目

　　据《人民日报》报道,正在北京举行的全国广播影视厅局长会议指出,新闻节目是广播电视节目的支柱,应该把新闻节目放在突出位置。一项调查表明,目前经常看电视新闻的观众大概占 55.1%。特别是"焦点访谈"、"新闻调查"、"今日话题"等电视新闻评论节目,更是引人注目。

　　会议要求各地广播电视部门,增加社会新闻、文化科技新闻、体育新闻和国际新闻内容,扩大新闻节目播出次数,使新闻报道更加贴近群众、贴近实际、贴近生活,满足广大人民群众的多方面要求。

　　会议指出,目前城里人已经能看到几十套广播电视节目,但是在相当一部分农村,现在还听不到、听不好广播,看不到、看不好电视。今后几年要把广播电视工作的重点放在农村,争取到 20 世纪末,基本实现村村通广播电视。

根据 1998.1.19《人民日报》等材料改写

四、听完课文二,填空

课文二　　　　中国电视事业取得了巨大成绩

　　1998 年 10 月 9 号,中国电视事业迎来了 40 岁生日。在纪念大会上,李岚清副总理指出:电视已经成为亿万人民群众不可缺少的精神食粮,成为人们信息的重要来源。电视在我国社会主义建设和改革开放中作出了重要贡献。

中国电视事业诞生40年来,取得了巨大的成绩。目前,中央电视台播出8套节目,每天播出160多个小时。节目能覆盖全世界98%的国家和地区。其中"新闻联播"、"焦点访谈"、"综艺大观"等栏目,在观众中具有广泛的影响。

根据1998.10.10《中国青年报》改写

五、听完课文三,选择正确答案

课文三　　　　播音员、主持人将实行持证上岗制度

中央人民广播电台、中国国际广播电台、中央电视台的60多位播音员和节目主持人,昨天在北京广播学院参加了普通话水平测试。这是中国实行播音员、节目主持人持证上岗制度的一项重要措施。

全国各地广播电视部门都在有组织地进行这项工作。四川省广播电视厅负责人说,从1998年1月1号起,四川省开始实行播音员、节目主持人持证上岗制度,争取到2000年完成这项任务。

广播电视语言,对全社会的语言规范具有重大影响。在人们的心目中,广播电视就是学习汉语普通话的学校。播音员和主持人是当然的老师。播音员、主持人实行持证上岗,对全社会推广汉语普通话工作有重要意义。

节自中央人民广播电台"报摘"1997.10.20节目

1. 播音员和节目主持人在哪儿参加普通话水平测试?
2. 全国各地广播电视部门正在组织什么工作?
3. 哪个单位的人没有参加昨天的普通话水平测试?
4. 什么人的语言对全社会语言规范影响很大?
5. 人们把什么当做学习普通话的学校?
6. 中国正在全社会推广什么事情?

六、听完下列语段,判断正误

1. 改革开放以来,中国国际广播电台海外听众已经达到一亿六千多万人。光是1997年,这家电台就收到海外听众来信65万多封。不少听众在信中说,中国国际广播电台是他们得到中国信息的主要来源。

2. 这些年,每天晚上收看中央电视台的"新闻联播"节目已经成为中国人民生活的一件大事。据统计,80%的重大新闻,人民群众都是首先从听广播、看电视得到的。广播电视,开始成为广大群众精神生活的伙伴(huǒbàn)。

　　3. 巴西28岁的播音员汉米尔顿·维西,从5月26号中午开始播音,到5月30号下午才结束,创造了连续播音99小时40分的新记录。比意大利人创造的播音记录增加了30分钟。

第 四 课

二、听完范句,判断正误

范　　句

1. 中共中央、国务院召开的全国教育工作会议在北京开幕。
2. 李岚清同志代表中共中央、国务院作了报告。
3. 小学的课间休息时间从原来的 10 分钟增加到 12 分钟。
4. 明年我国研究生招生总人数比今年增加 30%。
5. 新学年对于全国 1.8 亿中小学生来说,将会有一个更宽松的学习环境。
6. 我们必须努力造就德智体美等全面发展的社会主义事业建设者和接班人。
7. 全党全社会要共同努力,为全面推进素质教育创造良好条件。
8. 另据了解,我国明年研究生入学仍然不收学费。

三、听完课文一,选择正确答案

课文一　　　　　　全国中小学今天开学

　　9 月 1 号,是全国中小学开学的日子。今天记者在北京八中看到,在庄严的国歌声中,五星红旗冉冉升起,浓浓的爱国主义气氛充满校园。

　　新学年对于全国 1.8 亿中小学生来说,将会有一个更宽松的学习环境。为贯彻全国教育工作会议精神,全面推行素质教育,上海市教委规定,上海市的小学和初中从 1999 年开始不再安排早自习,小学的课间休息时间从原来的 10 分钟增加到 12 分钟。小学一二年级的书面作业应该在课内完成,各学科都不进行考试(包括期末考试),只进行考查。高中阶段限制课外作业量。江苏省无锡市,在新学年中把中小学生每节课的课时减少 5 分钟,同时每星期增加 5 节课,主要用来进行中国传统道德、国防、禁毒以及书法、健康、计算机等专题教育。四川省今年取消了小学升初中的考试,让小学毕业生全都能够直接上中学。

节自中央电视台"新闻联播"1999.9.2 节目

　　1. 记者看到什么地方正在升国旗?
　　2. 北京八中的校园里充满了什么气氛?
　　3. 全国教育工作会议的基本精神是什么?
　　4. 上海市小学的课间休息时间有什么变化?
　　5. 上海市教委要求限制哪类学生的课外作业量?

6. 无锡市中小学没有采取哪种措施?

7. 专题教育可能不包括下面哪项内容?

8. 这条消息没有报道哪个地方贯彻全国教育工作会议精神的情况?

9. 哪个地区的小学毕业生今年可以直接上中学?

10. 这条消息报道了几个省市的中小学教学情况?

四、听完课文二,判断正误

课文二　　　　　全国教育工作会议在北京举行

中共中央、国务院召开的全国教育工作会议今天在北京开幕。中共中央总书记、国家主席江泽民在会上强调,我们必须全面贯彻党的教育方针,努力造就德智体美等全面发展的社会主义事业建设者和接班人,为实现社会主义现代化建设伟大目标而奋斗。

会议由朱镕基总理主持。各省、自治区、直辖市党或政府的主要负责人、教育部门的负责人以及部分学校的负责人参加了会议。在下午的大会上,李岚清同志代表中共中央、国务院作了报告。报告指出,深化教育改革,全面推进素质教育,是教育思想和人才培养方式的重大进步,全党全社会要共同努力,为全面推进素质教育创造良好条件。

节自中央电视台"新闻联播"1999.6.16节目

五、听完课文三,回答问题

课文三　　　　　明年我国扩大招收研究生

明年我国研究生将扩大招收两万七千人,招收总人数比今年增加30%。

据了解,今年研究生的招收人数是9万多人,明年扩大招收以后,人数将达到12万人。

为培养复合型法律人才,从明年开始,法律硕士研究生将只招收非法律专业的本科毕业生,这是我国法律教育改革的一项措施。

另据了解,我国明年研究生入学仍然不收学费。

节自中央电视台"新闻30分"1999.10.16节目

问:

1. 今年和明年哪年招收的研究生多?

2. 今年的研究生比明年的人数少多少?

3. 法律硕士研究生不招收哪种大学毕业生?

4. 法律教育明年有什么改革措施?

5. 中国明年不改变哪种规定?

6. 这条消息特别报道了什么专业研究生的招收情况?

第 五 课

二、听完范句,回答问题

范 句

1. 注册学习汉语的学生人数 1990 年到 1995 年间增加了 36%。

2. 这所学校以教授外国留学生汉语和中华文化为主要任务。

3. 北京语言文化大学是中国对外汉语教学理论的发源地。

4. 从 1962 年建校以来,学校已经为 160 多个国家和地区培养出 5 万多名汉语人才。

5. 他们研制的中国汉语水平考试(HSK),已经被确认为中国国家级考试。

6. 这所大学每年有将近 100 名老师应聘出国从事教学和研究工作。

7. 随着我国改革开放的深化和国力的壮大,汉语在世界范围内的影响越来越大。

8. 泰国除在国立大学开设中文专业外,政府还制定了在全国公立中学广泛开设汉语课的计划。

三、听完课文一,简要回答问题

课文一　　　一所学习汉语和中华文化的理想大学

北京语言文化大学坐落在北京西北部的大学区。这里环境优美,具有良好的学习和生活条件,是各国留学生学习汉语和中华文化的理想大学。

北京语言文化大学,是一所著名的国际型大学,以教授外国留学生汉语和中华文化为主要任务。目前学校形成了一个从短期生到进修生、从本科生到硕士和博士研究生的人才培养体系。每年接收外国留学生 5000 人次。从 1962 年建校以来,已经为 160 多个国家和地区培养出 50000 多名汉语人才,其中有 40 多人担任过驻中国大使、参赞,几十人当过政府部长,还有数以百计的汉学家、企业家和当地汉语、中华文化教育的开创者。

北京语言文化大学拥有一支世界上人数最多的汉语教师队伍,光是教授、副教授就有 300 多人。他们当中,老教授经验丰富,中青年教授年富力强,青年教师朝气蓬勃。老师们不但非常重视课堂教学,还经常组织留学生参加社会实践活动,帮助外国留学生了解中国情况,提高汉语水平,他们已经成为同学们的良师益友。

北京语言文化大学一贯重视科学研究工作,是中国对外汉语教学理论的发源地。他们编写的各种汉语教材,已经在国内外得到广泛应用。他们出版的《世界汉语教学》、《语言教学与研究》和《中国文化研究》等杂志,已经发行全世界。尤其是他们研制的中国汉语水平考试(HSK),已经被确认为中国国家级考试,目前在19个国家和地区设立了35个考试点,受到越来越多国家的重视和欢迎。

北京语言文化大学先后和20多个国家和地区的大学或研究机构建立了合作关系。每年有将近100名老师应聘出国从事教学和研究工作。随着教育事业的发展和国际交往的扩大,他们正在创造更好的环境和条件,迎接世界各国的留学生。

五、听完课文二,选择正确答案

课文二　　　　　世界汉语教学事业蓬勃发展

记者从第二次全国对外汉语教学工作会议上了解到,新中国成立以来,特别是改革开放以来,中国对外汉语教学工作迅速发展,取得了显著成绩。据统计,从1988年第一次全国对外汉语教学工作会议到现在的11年间,来中国学习汉语的人数达到251900多人,是50年代到60年代的34.7倍,是80年代的4.5倍。目前全国接收外国留学生的高等学校有300多所,其中32所大学成立了专门从事对外汉语教学的学院或交流中心。

会议指出,随着我国改革开放的深化和国力的壮大,汉语在世界范围内

的影响越来越大。美国目前开设汉语课程的高等学校超过 700 所,注册学习汉语的学生人数 1990 年到 1995 年间增加了 36%。1998 年,法国开设汉语课程的小学有 100 多所,中等专业学校 40 多所,大学 76 所。澳大利亚政府已经把汉语当做亚洲最重要的语言,开设汉语课程的大学占澳大利亚大学总数的 79% 以上。1992 年到 1996 年,韩国开设中文课程的高等学校从 68 所增加到 113 所,短短 4 年就几乎增加了一倍。另外还有 30 多所大学招收硕士、博士研究生。泰国除在国立大学开设中文专业外,政府还制定了在全国公立中学广泛开设汉语课程的计划,有些商业学校还规定学生必须学习中文。

根据 1999.12.11《中国教育报》编写

问:

1. 中国对外汉语教学什么时候发展最快?

2. 最近 11 年到中国学习汉语的人比 80 年代多多少倍?

3. 中国有多少所高等学校招收外国留学生?

4. 哪个国家注册学习汉语的学生增加了 36%?

5. 韩国有多少所大学招收汉学研究生?

6. 这条消息没有报道哪个国家的汉语教学情况?

7. 泰国政府准备在哪类学校开设汉语课?

8. 这条消息一共报道了几个国家的汉语教学情况?

第 六 课

二、听完范句,简要回答问题

范　句

1. 一组反映一户农民 50 年生活变迁的照片,吸引了许多观众的注意。
2. 汪阿金一家 50 年的发展变化,只是亿万农民生活巨大变化的一个缩影。
3. 在那个时代,服装设计师的作用可以说是微乎其微的。
4. 多元化和个性化的服装,是吴海燕他们这个时代的设计师送给人们最好的礼物。
5. 10 年前,他们从危房搬进了简易楼,现在,他们老两口又搬到了花园式的居住小区。
6. 他们更愿意让设计师根据自己的体形、自己的特点、自己的职业、自己的爱好进行服装设计。
7. 如果说朱天明他们考虑更多的是如何用最少的布料做成衣服的话,那么吴海燕这代设计师思考的则是如何设计出更多的款式。

四、听完课文一,选择正确答案

课文一　　　　汪阿金一家生活的巨大变化

当人们走进北京展览馆大厅的时候,可以从许多历史照片和实物中看到中国人民 50 年来生活的巨大变迁。

在浙江省展览厅,一组反映一户农民 50 年生活变迁的照片,吸引了许多观众的注意。

这组照片是《浙江日报》的一位摄影记者拍的。其中的一部分是他在 1950 年和 1972 年的时候拍下来的。后来,他觉得这户农民生活水平的变化非常有代表性,就继续跟踪采访,拍下了这组照片。

这里反映的是浙江省余杭市汪阿金一家的生活水平变化。我们可以看到,1950 年刚刚解放的时候,他们住的是茅草房,穿的是粗布衣服。1972 年,汪阿金拉的是手推车,到了 1982 年,他的两个儿媳妇已经骑上了自行车,1993 年的时候,他的儿子、儿媳妇又骑上了摩托车。1998 年,他们已经驾驶上了小汽车。另外,他家的住房条件也发生了巨大变化。1982 年,他们就由 1950 年的茅草房换成了瓦房。到了 1998 年,他们家又住上了二层小楼。汪阿金是一个普普通通的农民,他家 50 年的发展变化,只是亿万农民生活巨大变化的一个缩影。

节自中央电视台 1999.10

问:

1. 这些实物和照片是在哪里展览的?
2. 观众被什么东西吸引住了?
3. 记者用了多长时间拍这组照片?
4. 汪阿金家哪年有了自己的小汽车?
5. 1998 年汪阿金家发生了哪些变化?
6. 汪阿金一家的变化说明了什么问题?

五、听完课文二,判断正误

课文二　　　　**我想把中国服饰文化推向世界**

说起改革开放以前的中国服装,那是非常单调的。在那个时代,服装设计师的作用可以说是微乎其微的。我们来听一听老服装设计师朱天明是怎么说的。

"那时候设计服装,既要省料,还要符合当时的环境。设计不好的话,有的人就说你搞'奇装异服',所以老觉得作为服装设计师不能设计奇装异服。"

如果说朱天明他们那个时代的服装设计师,考虑最多的是如何用最少的布料做成衣服的话,那么 80 年代成长起来的服装设计师,思考的则是如何设计出更多的款式。今年 41 岁的吴海燕,是中国美术学院 1984 年的毕业生。在 1993 年第一届中国国际青年服装设计与绘画比赛中,她获得一等奖,现在是中国服装集团公司的总设计师。她说:现在的设计师,一定要突出人,以人为本。人们的体形不同、职业不同,收入不同,审美爱好、修养不一样,这就造成他们对服装的要求也不一样。他们更愿意让设计师根据自己的体形、自己的特点、自己的职业、自己的审美爱好进行服装设计。

多元化和个性化的服装,是吴海燕他们这个时代的设计师送给人们最好的礼物。长长短短,各取所需,五颜六色,各取所好。人们在开放的环境里进行着完全个性化的着装选择。作为正在走向世界的中国服装设计师,吴海燕有着更多的思考:"那就是把中国服饰文化推向世界,向世界展示一下中国的服饰文化。"

节自中央电视台《新闻 30 分》1999.10 节目

六、听完课文三,填空

课文三　　　　　天津100万居民喜迁新居

　　天津的搬家公司,短短10年,就从无到有,发展到了200多家。这表明,天津老百姓的住房情况有了很大的改善。10年前,景大爷一家从危房搬进了简易楼,现在,他们老两口又搬到了花园式的居住小区,女儿还给他们买了新家具。

　　天津虽然是中国的第三大城市,但是解放以前,广大人民群众的居住条件却非常差。新中国刚成立的时候,著名相声演员马三立曾经风趣地说,我政治上翻了身,晚上睡觉却翻不了身。如今,他早就住进了花园式小区。每天打开窗户,看到的都是花和绿草。

　　50年来,天津市新建的住房面积是解放初期的7倍。特别是最近几年,天津先后改造了22片危房区,新建了2000多万平方米的新房,让100多万居民喜迁新居,进一步改善了人民群众的居住条件。

节自中央电视台"新闻联播"1999.9节目

第 七 课

二、听完范句,简要回答问题

范　句

1. 江苏省华西村农民又创造了一项新记录,一次就成批购买了 250 辆小轿车。
2. 上海强生汽车公司,原名叫祥生汽车公司,它是我国在 1931 年创立的第一个出租汽车公司。
3. 在上海市人民政府的支持下,杨国平贷款 600 万元,组建大众出租汽车公司。
4. 这次华西村农民购买的 250 辆小轿车,相当于中国 60 年代前期轿车生产的总和。
5. 只有轿车进入普通家庭,才能带动中国汽车工业飞跃。
6. 不过那时候出租汽车服务的主要对象还是外宾,普通市民要想打车可不是一件容易的事。
7. 如今,出租汽车行业越来越向老百姓靠拢,成为人们出门的一种极为方便的交通工具。
8. 我们不但在长江、黄河等大江大河上建成了一座座大桥,而且迎来了建设跨越海湾海峡大桥的新阶段。

三、听完课文一,判断正误

课文一　　　　　上海出租汽车的变迁

　　上海强生汽车公司,原名叫祥生汽车公司。它是我国在 1931 年创立的第一个出租汽车公司。1956 年,茅照海老人就在这里工作,他告诉我们,那时候全上海的出租汽车加起来也不过 200 辆。价格是 20 分钟 6 块钱。因此,除了作为迎宾用车之外,就只有"五一"、"十一"和结婚的时候最热闹。

　　茅照海说:"那时用车的人不多,主要是车费贵。不过每逢节日的时候,特别是结婚的人比较多的时候,很紧张,要一台车不简单,要排队。多的时候排两天两夜,自己排队,叫爸爸妈妈排队,叫兄弟去排队。"

　　但是,热闹的场面也只有这几天,大部分时间用出租汽车的人都很少。

　　茅照海说:"首先是车子有问题。那时候国家没有汽车工业,小车工业也没有。到了 70 年代初,我们还用 1940 年的车,用了 30 多年了!"

　　改革开放以后,汽车不成问题了,顾客也增加了很多。不过那时候出租车服务的主要对象还是外宾,普通市民要想打车还不太容易,必须得到指定的地方去要车,马路上不能招手要车。还有就是服务态度不好。好的地方司机去,不好的地方司机不愿去。1988年,出租汽车行业开始大发展。在上海市人民政府的支持下,当时的杨国平贷款600万元,组建了大众出租汽车公司,并且最先提出了服务第一的口号,搞服务规范。

杨国平说:"因为我们搞规范服务,招手停车,上车问路;电脑计价,合理公道;车辆整洁,礼貌待客等等。采取这些服务措施以后,受到了顾客们的欢迎。"

从那时候开始,出租汽车行业迅速发展起来。各种体制的出租汽车公司纷纷涌现出来,服务措施不断改善,汽车档次也出现了多元化。如今,出租汽车行业正在不

据预测,2000年我国国产轿车需求量将达62万量,其中中档轿车将成为市场主流。

18万量　　21.5万量　　18万量

4.5万量

10万元以下　　10-15万元　　15-20万元　　20万元以上

断向老百姓靠拢,成为人们出门的一种极为方便的交通工具。

选自中央电视台"新闻30分"1999.9节目

四、听完课文二,把有关内容和数字填在表内

课文二　　　中国第一个轿车村——华西村

1993年3月8号,江苏省华西村农民又创造了一项新记录,一次就成批购买了250辆小轿车。

眼看农民兄弟接过一把把汽车钥匙的动人场面,第一汽车集团公司总经理高兴地对记者说,这250辆轿车是一个信号:中国轿车工业的春天已经来到了!全国有1900万个乡镇企业,只要有5%的农民像华西人这样购买汽车,中国每年轿车的需求量就会超过100万辆。只有轿车进入普通家庭,才能带动中国汽车工业飞跃。

据了解,中国1958年一共生产轿车57辆,1964年达到100辆。这次华西村农民购买的250辆轿车,相当于中国60年代前期轿车生产的总和。

66岁的华西村党委书记吴仁宝高兴地说,这么多农民购买汽车,从一个侧面反映了改革开放的成就。1984年,我们村有了自己的第一辆轿车。现在我们这个320户的普通农村,除了这250辆个人小轿车以外,集体还有50多辆。

在中国大地上,当前能像华西村这样成为"轿车村"的虽然还不多,但是有了第一个,就会有第二个、第三个……

根据 1993.3.13《人民日报》改写

五、听完课文三,选择正确答案

课文三　　　　　　**大路通天**

1949 年以前,我国只有 8 万公里的旧公路。新中国的成立,才揭开了我国公路交通事业发展的历史新篇章。经过半个世纪的努力,我国新建公路已经达到 120 万公里。不但实现了县县通公路,而且 99% 的乡和 87% 的行政村也都通了公路。

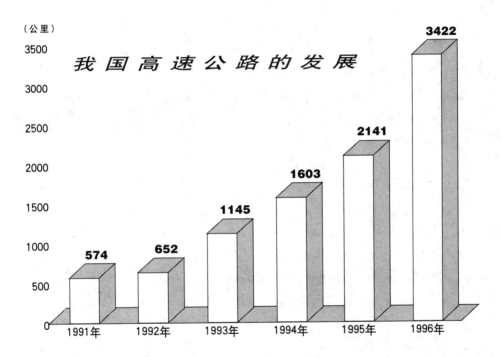

80 年代末,从沈阳到大连的高速公路建成通车,结束了我国没有高速公路的历史。在 20 世纪最后 10 年里,我国的公路建设者们,用最快的速度,又建成了从上海到南京、从北京到天津等城市的一批高质量高速公路。到 1999 年底,我国高速公路的总里程达到 1.1 万公里,覆盖了全国 29 个省、市和自治区,显示出巨大的经济和社会效益。

许多人都还记得,1968 年,当南京长江大桥建成通车的时候,各族人民热烈欢庆的动人情景。如今,我国不但在长江、黄河等大江大河上建成了一座座雄伟大桥,而且迎来了建设跨越海湾和海峡大桥的新阶段。全长 6599 米的厦门集美公路桥,就是我国新建成的第一座海峡大桥。

1. 这条消息没有报道下面的哪种情况？
2. 中国什么时候有了高速公路？
3. 20 世纪末中国的高速公路总里程有多少？
4. 中国各县的公路通车率是多少？
5. 中国的第一座跨海大桥在哪里？
6. 哪种交通设施显示出巨大经济和社会效益？

第 八 课

二、听完范句,简要回答问题

范　句

1. 邓亚萍是目前中国最著名的运动员之一。
2. 我为此感到无比的骄傲和自豪。
3. 只要邓亚萍拿到奥运会女单冠军,他一定亲自给她颁奖。
4. 他不仅是第一个当选为国际奥委会运动员委员会委员的亚洲人,而且还是目前中国最大体育品牌企业的董事长。
5. 36 岁的李宁跟"球王"贝利等运动员一起,被国际体育记者协会评选为"本世纪最佳运动员"。
6. 经过几代体育工作者的奋斗,中国终于实现了从"东亚病夫"到世界体育强国的历史跨越。
7. 据统计,从 1959 年乒乓球运动员容国团获得中国历史上第一个世界冠军到现在,中国运动员已经获得过 1249 个世界冠军。
8. 1979 年,中国恢复了在国际奥委会的合法席位以后,开始全面走向世界体育舞台。

三、听完课文一,判断正误

课文一　　　　中国体育的历史性跨越(一)

　　新中国成立以来,体育事业发生了翻天覆地的变化。经过几代体育工作者的奋斗,终于实现了从"东亚病夫"到世界体育强国的历史跨越。

　　第一是群众体育蓬勃发展,建立健全了群众体育组织体系。截止到 1999 年,全国性群众体育协会发展到 30 个,基层职工体育协会 4 万多个,社会体育指导员 10 万多人。目前,全国经常参加体育活动的人数已经超过 3 亿,每年达到国家体育锻炼标准的有 1 亿多人次。每人平均寿命从过去的 35 岁提高到 70 岁。

　　第二是竞技体育成就辉煌。据统计,从 1956 年举重运动员陈镜开第一次打破世界记录以来,现在已经打破或超过世界记录 982 项次。从 1959 年乒乓球运动员容国团获得中国历史上第一个世界冠军到现在,中国运动员已经获得过 1249 个世界冠军。旧中国曾经 3 次派运动员参加奥运会,那时候根本没有夺取金牌的实力。从 1984 年起,在不到 20 年的时间里,中国就先后夺取了 52 枚奥运会金牌。这些成就,让世界看到了一个东方体育大国的风采。

四、听完课文二,填空

课文二　　　　　中国体育的历史性跨越(二)

　　第三是体育设施建设和体育人才培养取得了长足进步。旧中国全国才有 26 个体育馆,2855 个体育场。而现在比那时候增加了 80 到 210 多倍,体育馆达到 2121 个,体育场达到 62 万个。旧中国专门体育学校少得可怜,现在光是体育大学和学院就有 16 所,还有数以千计的各类体育学校,50 年来培养出 10 多万体育专门人才。

　　第四是体育对外交流不断扩大。1979 年,中国恢复了在国际奥委会的合法席位以后,我国开始全面走向世界体育舞台。现在我国参加了 99 个世界体育组织,每年平均派出 1 万人次参加各类大型体育比赛,还向 114 个国家和地区派出了 2270 多名教练员。

　　中国的体育事业正在大步向前迈进,它的明天一定会更好。

根据 1999.9.3《中国青年报》等资料编写

五、听完课文三,选择正确答案

课文三　　　　李宁被评为"20 世纪最佳运动员"

　　提起"体操王子"李宁的名字,在中国几乎没有谁不知道。他当运动员的时候,一共获得过 106 个冠军。其中有 14 个世界级冠军,8 个亚运会冠军。在 1982 年世界杯体操比赛中,他创造了一个人为中国队夺得 6 枚金牌的记录,开创了体操领域的"李宁时代"。他不仅是第一个当选为国际奥委会运动员委员会委员的亚洲人,而且还是目前中国最大体育品牌企业的董事长。

　　1999 年,36 岁的李宁跟"球王"贝利、"飞人"乔丹等 25 名运动员一起,被国际体育记者协会评选为"本世纪最佳运动员"。6 月 26 号,他在出席了"20 世纪世界最佳运动员"颁奖仪式以后说:"20 世纪对中国人来说,是不平凡的一个世纪。我们的祖国发生了翻天覆地的变化。今天我有幸作为中国体育界的一员向世界证明这种变化。当我获得这一荣誉的时候,我代表的是我们的国家、我们的民族,我为此感到无比的骄傲和自豪。"

根据 1999.6.25《中国青年报》等编写

　　问:
　　1. 李宁获得过多少个世界级冠军?
　　2. 李宁在 1982 年对世界体育作出了什么贡献?
　　3. 什么组织把李宁评为"本世纪最佳运动员"?
　　4. 李宁对获得什么荣誉感到骄傲和自豪?
　　5. 这条消息没有提到哪个运动员的名字?

六、听完课文四,判断正误

课文四　　　　　　　　　邓亚萍的殊荣

　　邓亚萍,是目前中国最著名的运动员之一。她先后获得过 18 个乒乓球世界冠军和 130 多枚金牌。她从自己的成长历程中渐渐懂得了祖国的含义。她说,代表祖国到世界各地去比赛,每当登上领奖台,听到国歌声响、看到国旗升起的时候,心里都特别激动。因为没有祖国和人民的培养,就没有她的一切。

　　国际奥委会主席萨马兰奇先生非常欣赏邓亚萍。他曾经对邓亚萍本人和中国体育官员说过,只要邓亚萍拿到奥运会女单金牌,他一定亲自给她颁奖。邓亚萍没有辜负萨马兰奇的期望,在 1992 年第 25 届奥运会上,她先和队友乔红配合夺得女子乒乓球双打冠军,接着她俩又一起进入女单决赛。当邓亚萍获得女单冠军的时候,萨马兰奇主席专门赶到比赛大厅给邓亚萍颁奖,并且对中国教练员说:"我非常热爱中国,热爱中国运动员。我已经邀请邓亚萍再次到洛桑奥委会总部访问,如果你有时间也请你一起去。"

第 九 课

二、听完范句后,判断正误

范 句

1. 国家主席江泽民,今天上午在马来西亚出席了中国东盟首脑非正式会晤。
2. 江泽民主席和东盟 9 国领导人共同发表了《中华人民共和国与东盟国家首脑会晤联合声明》。
3. 他建议中国与东盟各国建立面向 21 世纪的睦邻互信伙伴关系。
4. 他和江泽民主席商定了建立面向 21 世纪的韩中合作伙伴关系的框架。
5. 中韩两国政府还就加强两国青年交流达成协议,并且签署了有关文件。
6. 他们对江主席提出的关于同东盟发展关系的原则和主张表示赞赏。
7. 中国同西亚、非洲、拉丁美洲的关系也取得长足进展。
8. 加强和发展中韩两国面向 21 世纪的合作伙伴关系,也有利于朝鲜半岛、亚太地区的和平、稳定与发展。

三、听完课文一,简要回答问题

课文一　　　　江主席和东盟首脑非正式会晤

各位观众,国家主席江泽民今天上午在马来西亚出席了中国东盟首脑非正式会晤,他建议中国与东盟各国建立面向 21 世纪的睦邻互信伙伴关系。

江泽民首先对东盟成立 30 周年表示热烈祝贺。他说,中国历来十分重视发展和东盟的关系,支持东盟在地区和国际事务中发挥积极作用。最近 10 年来,中国和东盟各国以及东盟组织的关系取得了长足进展。特别是中国和东盟成为全面对话伙伴以来,双方的关系发展到了一个新的水平,进入了一个新的发展阶段。

江泽民说,中国是世界上最大的发展中国家,还要经过几十年的艰苦奋斗才能实现现代化,需要有长期的和平国际环境,特别是良好的周边环境。今后中国发达起来了,仍然要和世界各国相互尊重,平等相待,友好相处,绝不称霸。中国永远是维护世界和地区和平稳定的坚定力量。中国愿与东盟各国永远做好邻居、好伙伴、好朋友。

东盟 9 国领导人在会晤中纷纷发言,感谢江泽民主席亲自出席这次会晤。他们对江主席提出的关于同东盟发展关系的原则和主张表示赞赏,希望进一步促进东盟和中国的关系,建立面向 21 世纪的睦邻互信伙伴关系。

会晤结束以后,江泽民主席和东盟 9 国领导人和代表共同发表了《中华人民共和国与东盟国家首脑会晤联合声明》。

节自中央电视台"新闻联播"1997.12.16节目

四、听完课文二,选择正确答案

课文二　　发展中韩两国面向 21 世纪的合作伙伴关系

胡锦涛副主席今天下午在人民大会堂会见了韩国总统金大中,双方进行了友好的谈话。

胡锦涛首先回忆起今年 4 月在韩国同金大中总统会晤的情景,他对今天能在北京与总统再次相见,感到十分高兴。胡锦涛指出,中韩两国人民有着长期友好交往的历史,在新的历史时期,加强和发展两国面向 21 世纪的合作伙伴关系,不仅将造福两国人民,而且有利于朝鲜半岛、亚太地区的和平、稳定与发展。

胡锦涛还说,金大中总统访华期间,中韩两国政府还就加强两国青年交流达成协议,并且签署了有关文件,这是一件令人高兴的事。青年是国家的未来,加强两国青年的交流,对两国发展面向未来的长期、稳定的友好合作关系具有重要意义。

金大中总统说,这次访华是成功的。访问期间,他和江泽民主席商定了建立面向 21 世纪的韩中合作伙伴关系的框架,这为两国关系的进一步发展奠定了新的基础。金大中表示,希望韩中两国的合作伙伴关系在下个世纪能够全面实现。

节自中央电视台"新闻联播"1998.11.14节目

问:
1. 胡锦涛副主席首先回忆起什么事情?
2. 发展中韩合作伙伴关系有什么意义?
3. 中韩两国政府共同签署了什么文件?
4. 中韩两国首脑共同商定了什么事情?
5. 这条消息没有报道什么情况?

五、听完课文三,判断正误

课文三　　加强同广大发展中国家的团结与合作

唐家璇外长最近发表文章说,中国一直把扩大同发展中国家的团结与合作作为对外政策的基本点,在维护各自国家的独立主权方面相互支持,在经济、文化方面加强交流。

文章说,1996 年和 1997 年,我国先后同俄罗斯、哈萨克斯坦、吉尔吉斯斯坦和塔吉克斯坦领导人进行了会晤,并且共同签署了关于边境地区加强军事领域信任和相互裁减军事力量协定,为促进这一地区各个领域的合作发挥了积极作用。

文章指出,中国同西亚、非洲、拉丁美洲的关系也取得了长足进展,先后同巴西、埃及建立了战略伙伴关系,同墨西哥就建立跨世纪的中墨合作伙伴关系达成了共识。

唐外长在文章中强调,到目前为止,中国已经同161个国家建立了外交关系,中国国际地位不断提高,在国际事务中发挥着越来越重要的作用。

根据 1999 年第 39 期《瞭望》编写

第 十 课

二、听完范句,简要回答问题

范 句

1. 这就是我们家真实的生活,咱家不怕被人瞧!

2. 在当前世界上,不论大国还是小国,都是国际大家庭中的一员,应该一律平等。

3. 一看中国队的汽车上下来一个美国运动员,记者们都围上来给我们两人拍照。

4. 当时正是由于这两位运动员的接触,促成了著名的乒乓外交。

5. 美国运动员激动之后又都沉默了,因为他们觉得好像要去另一个星球。

6. 乒乓外交的成功,不仅加快了中美关系正常化的步伐,而且产生了广泛的国际影响。

7. 为了能跟老外们直接谈话交流,70多岁的单大爷开始学习英语。

8. 我国各省市利用友好城市渠道,增进了同世界各国地方之间的了解和友谊。

三、听完课文一,选择正确答案

课文一　　　“乒乓外交”打开了中美交往的大门

科恩是一个典型的美国青年,一头长发,办事常常出错,然而他万万没有想到,正是他个人生活中的一个错误,促成了一次外交史上的重大事件。

镜头中与科恩握手的这位中国运动员,就是世界著名的乒乓球冠军庄则栋。当时正是由于这两位运动员的接触,使两个长期敌对的国家寻找到了和解的机会,也促成了著名的乒乓外交。

20多年后庄则栋回忆起当时情景的时候说:我们坐一个大轿车,准备从旅馆去比赛场。汽车刚要关门,突然一个外国运动员上了我们这个车。大家一看,是个蓝眼睛黄头发的外国人,不禁一愣:怎么中国队的车上上来一个外国人? 当时谁都没理他,那个运动员挺惊讶。他一个人站在车门口往车外望,我看见他背后的“USA”3个字,知道他是美国运动员。10多分钟过去了,我见还没有人理他,就过去跟他说话,他马上回过头来,很高兴。我握着他的手说,美国政府跟中国是敌对的,但是美国运动员、美国人民是中国人民的好朋友。这时候他高兴得不得了。旁边的翻译问他,你知道他是谁吗? 他说我知道他是世界冠军。到了比赛场以后,日本的以及其他国家的记者特别敏感,一看中国队的汽车上下来一个美国运动员,而且和我站在一块儿,他们都围上来给我们两人拍照。第二天日本几家大报就登出照片,说是中美接近。

几天之后,毛泽东主席得知美国代表团想访问中国,中国运动员已经和美国运动员发生了接触,高兴地说:"现在是千载难逢的好机会。"指示立刻邀请美国乒乓球队访问中国。

当中国代表团负责人把邀请访华的消息通知美国队的时候,他们激动之后又都沉默了,因为他们觉得好像要去另一个星球。40来岁的博根在电话中对妻子说:"无论如何我们已经决定要去,你也许会想这很好玩,但是许多运动员都感到紧张。""万一我在那里发生了什么事——请你把我写下的未能发表的文稿收藏好,日后传给孩子。"

1971年4月14号,周恩来总理在北京人民大会堂会见了美国乒乓球代表团,他说,你们这次访问,打开了中美两国人民友好往来的大门。我们相信中美两国人民的友好往来将会得到两国人民大多数的赞成和支持。同一天,美国总统尼克松发表一项声明,宣布采取5点对华新步骤。

乒乓外交的成功,不仅加快了中美关系正常化的步伐,而且产生了广泛的国际影响。从那以后,同中国建立外交关系的国家,很快从三四十个国家增加到100多个国家。

根据电视片《新中国外交》解说词改写

问:
1. 科恩的什么行为促成了乒乓外交?
2. 当时中美双方正在寻找什么机会?
3. 庄则栋怎么样认出科恩是美国人?
4. 科恩在汽车上什么时候最高兴?
5. 怎么知道日本记者特别敏感?
6. 毛泽东主席作出了什么指示?
7. 博根听到访华的消息以后是什么样心情?
8. 谁高度评价了美国乒乓球队访华的意义?
9. 怎么知道美国政府想同中国进行交往?
10. 乒乓外交产生了怎样的国际影响?

四、听完课文二,判断正误

课文二　　　　　　　　咱家不怕被人瞧

北京西旧帘子胡同,住着一位被称做民间外交家的87岁的单大爷。十几年来,他家先后接待了包括总统夫人、国会议员在内的七八千外宾。1986年第一次接待外宾的时候,单大爷还挺紧张。为了迎接客人,他很早就做准备。儿女们也都请假回家参加接待。他们和老外们一起吃饺子,聊家常,大家都觉得很有意思。

从那以后,单大爷走上了民间外交之路,几乎天天都有老外们来到他家参观。为了能跟老外们直接谈话交流,70多岁的单大爷开始学习英语。现在他能很轻松地跟老外们用英语谈话了。单大爷每天都仔细地做好卫生工作。他说,这不是为了掩饰什么,或者作假,人过日子就该弄得干干净净的。

单大爷有6个儿女,他们都工作得很不错。孙子、孙女们也都很有出息。谈到家里的生活,单大爷说:我的退休工资只有600元,但我儿子女儿的收入是我的两到三倍。孙子孙女的收入是我的四到五倍。单大爷自豪地说:"这就是我们家真实的生活,咱家不怕被人瞧!"

根据1999.8.25《北京青年报》改写

五、听完课文三,填空

课文三　　我国已经同外国结成800多对友好城市

《人民日报》今天报道说,从1973年天津市跟日本的神户结成第一对友好城市到现在,我国的200个城市,已经同世界上80多个国家的500多个城市结成了800多对友好城市。我国的对外友好城市,大部分都在沿海地带,其中江苏、山东两省最多。现在出现了逐渐向中西部转移的趋势。

我国各省市利用友好城市渠道,增进了和世界各国地方之间的了解和友谊,也发展了国家之间的关系,并且在工业、农业、经贸、文化教育等方面进行了多种交流与合作。

结成对外友好城市,促进了各地对外经贸的发展。据不完全统计,各省这些年通过友好城市渠道举办或参加贸易展销活动600多次,成交额60多亿美元,吸引外资将近100亿美元。

根据1997.12.17《人民日报》改写

第十一课

二、听完范句,简要回答问题

范　句

1. 人家说我流的是日本人的血,实际上我的血肉都是中国的,总是有一股隔不断的情。
2. 中国养父母们却以德报怨,在自己的生活非常困难的情况下,向一个个孤儿献出了爱。
3. 我们很想建造一座丰碑,让子孙万代铭记中国人民的大恩大德。
4. 日方再次表示:痛感过去对中国的侵略给中国人民带来重大灾难的责任,对此表示深刻反省。
5. 中日邦交正常化以来双方达成的所有文件中,这是第一次把"侵略"这两个字写在文件里。
6. 中日两国发表联合宣言,宣布建立致力于和平与发展的友好合作伙伴关系。
7. 我们觉得,这个历史问题是中日关系继续向前发展当中的关键问题。

三、听完课文一,判断正误

课文一　　　　　　　养育之恩,永生难忘

　　日本孤儿问题,是日本军国主义侵略中国的产物。1945 年 8 月 15 号日本投降以后,住在中国东北的日本人在逃跑的时候,丢下了 1 万多名孤儿。尽管日本军国主义给中国人民造成过巨大灾难,但是,中国养父母们却以德报怨,在自己生活非常困难的情况下,向一个个孤儿献出了爱。

　　木村成彦生下 7 天就来到了中国养父母家。他的养父说:他母亲当时没有奶,没办法,我一看很可怜,就把他抱回来了。那时候我们吃的穿的都很困难,没有大米,我们是用高粱米把他喂大的。

　　对中国养父母们的恩德,日本的妈妈们永远记在心里。"我的大儿子是中国养父母养大的,没有养父母,就没有他的今天。"

　　回想往事,岸正子怎么也忘不了养母对她的疼爱。"1962 年我从师范毕业后,该参加工作了。那时没有穿的,怎么办呢? 养母就把全家的布票集中到一起,给我做了一身新衣服。"

　　"她给自己买衣服穿吗?"

　　"哎呀,哪能啊! 我妈妈那么漂亮,我现在总觉得对不起她。我长大了,她衣服都给我穿。1962 年我妈妈去沈阳看我姑姑,她没有衣服穿,只能穿我

的旧衣服。"

　　1972 年中日恢复邦交以后,有些孤儿找到了在日本的亲人。木村的女儿,现在还清楚地记得爷爷送他们回日本的那种场面。

　　"一想起那个场面……"

　　"当时那场面你爷爷哭了吗?"

　　"当时并没有哭,只是眼对眼,一边握着手,一边看着,什么话都说不出来。也就是说,是眼睛和眼睛在对话。有那种感觉。"

　　养育之恩,永生难忘。当记者问到岸正子:"现在要跟你提到中国的时候,你会想到什么呢?"

　　"阳光和生命。我在这儿长大的,我几乎一辈子都是在这儿。不光是亲情,人家说我流的是日本人的血,实际上我的血肉都是中国的,总是有一股隔不断的情。"

　　为了感谢中国人民,回到日本的一些孤儿,决定在沈阳"九·一八"纪念馆建造一座感谢碑。在感谢碑揭幕仪式上,木村成彦说:"半个多世纪前,日本军国主义者发动的那场侵略战争,给中国人民造成了无法估量的伤害。同时,也给日本国民造成了无法治好的创伤。我们就是日本军国主义者侵略罪行的活的证据,也是中国人民宽厚仁慈、人类博爱的光辉结晶。我们很想建造一座丰碑,让子孙万代铭记中国人民的大恩大德,让养父母的伟大情怀流芳千古。"

节自中央电视台"东方时空"1999.9.3 节目

四、听完课文二,选择正确答案

课文二　　正视历史是发展中日友好关系的重要基础

　　1998 年 11 月 26 号,中日两国发表联合宣言,宣布建立致力于和平与发展的友好合作伙伴关系。日方再次表示:痛感过去对中国的侵略给中国人民带来重大灾难和责任,对此表示深刻反省。联合宣言发表以后,记者采访了中日两国的有关人士。

　　刘江永(中国现代国际关系研究所研究员)说:"这次经过中日双方的讨论发表了联合宣言。在宣言中日方表示,过去的侵略对中国人民造成巨大伤害,这次表示深刻反省,我认为是一个进步。也可以说是江泽民主席这次访问日本的一个成果。中日邦交正常化以来双方达成的所有文件中,这是第一次把'侵略'这两个字写在文件中,这样对过去那场战争的性质有个明确认定,我们认为这是非常必要的。"

　　一位大街上的日本妇女说:"我觉得应该更早一点儿承认日本曾经对亚洲一些国家发动的是侵略战争,更早一些道歉才对。"

一位日本男市民说:"在历史问题上,我想日本政府在这方面的确有不足之处。我和我的朋友都是这样看的。"

另一位日本妇女说:"因为不是搞历史的,只是听说过历史上的一些事,没有特别关心过。"

77 岁的高桥哲郎先生曾经是日本侵略中国的一个士兵,他一生都在反省着当年的侵略战争。他说:"当年日本兵在中国到底犯下了多大罪行? 给多少家庭带来巨大痛苦? 如果没有思考过这些,我觉得就不能在未来建立牢固的友谊。"

日本前首相村山富市告诉记者:"我在 1995 年发表的首相谈话,可以说已经体现了日本的态度。"当时,村山首相说:由于日本的殖民统治和侵略,给亚洲各国人民造成了极大的损害与痛苦,对此表示深刻的反省和由衷的道歉。

中国驻日本大使陈健谈到历史问题的时候指出:"我们觉得,这个历史问题是中日关系继续向前发展当中的关键问题。从日本政府来说,这几年在历史问题上也是有所进展的。更重要的是,要用正确的历史观来教育自己的人民,确保日本永远走和平发展道路,不做军事大国。这样的话,日本就能跟亚洲国家和平相处,友好相处,也才能在世界上取得自己应有的地位。"

节自中央电视台"焦点访谈"1998.11.27 节目

问:

1. 中日两国将在哪方面加强友好合作关系?
2. 在中日联合宣言中双方达成什么新的共识?
3. 记者一共采访了多少位中日有关人士?
4. 谁一生都在反省着当年侵略战争的责任?
5. 被采访的日本人士中怎样看待历史问题?
6. 日本领导人什么时候开始承认"侵略"过中国?
7. 谁说正视历史是促进中日友好关系发展的关键?
8. 文章认为,在日本未来发展方面,最重要的问题是什么?
9. 什么是发展中日友好关系的条件之一?
10. 1995 年以前的日本政府,怎样看待过去的那场战争?

第 十 二 课

二、听完范句,简要回答问题

范 句

1. 直到 1966 年,广交会上还是粮油和土特产品唱主角。

2. 纺织品不像粮油产品那样,一统天下 20 多年。

3. 今年 86 岁的老人阎益俊,1956 年写信建议外贸部在广州举办出口商品交易会。

4. 海尔集团以 1000 万美元的价格向西班牙一家公司转让自己的空调技术。

5. 就在大量洋货进入中国的同时,一批批物美价廉的国货也走出了国门,走向了世界。

6. 1997 年中国的商品出口额达到 1827 亿美元,是 1978 年的 18 倍,每年递增 16.7%。

7. 他发现一向爱在交易会上买旗袍的外宾,却看上了我们的时装。

三、听完课文一,选择正确答案

课文一 　　　　　　　小展台显国力

今年 86 岁的老人阎益俊,1956 年担任外贸部驻广州特派员的时候,写信给外贸部,建议在广州举办出口商品交易会。1957 年第一届广交会上展出的产品,他现在还记得非常清楚。他说:"其中最能够代表我们国家水平的就是那台大发电机,放在中央大厅,摆在那里并不卖,就是要显示我们国家的工业水平,显示我们国家对这个比较高级的机电产品也能生产了。"

在第一届广交会上,大米、香肠等粮油和土特产品,虽说利润不高,但一点一点地积累起来,也给国家挣了 1000 多万美元,占整个成交额的 70% 以上。直到他 1966 年离开交易会,广交会上还是粮油和土特产品唱主角。

和阎益俊相比,梁锦文则看到了 80 年代中期纺织品的异军突起。梁锦文 1964 年到交易会工作,现在是交易会副主任。他曾经多次陪同外宾参观过广交会。他说:"有一次,一个法国政府领导人跟他夫人来看,他夫人看了以后一直不肯走,看到一件很好的时装,她一定要买。我们告诉她那是一件样品,不能卖的。可是她一定要买,她说这个太漂亮了,我很想要。后来我们就跟交易团商量,他们是中央外宾,她喜欢,还是让给她吧。她买了以后再三感谢说:这么好的时装我还是找到了。"

纺织品不像粮油产品那样一统天下 20 多年。90 年代初,彩电、冰箱等机电产品抢占了主导地位。跟当初展出的那台大发电机相比，大型机械的展出发生了质的变化。现在的交易会上，除了机械产品以外，还有卫星、飞机、火箭等产品。一次梁锦文陪同欧洲客人参观交易会的时候，客人看到一个火箭产品觉得很惊奇，他说真了不起，你们国家发展真快，连这样的产品你们都能够生产，能够出口了！我听了那么多客人的称赞，深深感到作为一个中国人的自豪。过去客商都称赞我们的土特产品，像这样欧洲先进国家的商人称赞我们的科技产品，还是第一回。

梁锦文在交易会工作了 30 多年，亲身体验了交易会的变化和我们国家的进步。他相信，在不久的将来，客商们会看中更多让他们赞叹不已的中国产品。

节自中央电视台"新闻 30 分"1999.9 节目

1. 第一届广交会中央大厅摆着什么产品？
2. 阎益俊老人在广交会大概工作了多少年？
3. 中国的纺织品是什么时候异军突起的？
4. 那位法国领导人的夫人为什么那么高兴？
5. 90 年代初广交会的展品发生了什么变化？
6. 欧洲客人看了哪种产品感到吃惊？
7. 梁锦文什么时候最感到自豪？
8. 哪种情况符合广交会展品变化的实际？
9. 阎益俊和梁锦文的经历说明了什么？
10. 这篇报道的中心意思是什么？

四、听完课文二，判断正误

课文二　　　　　　　国货走出国门

就在大量洋货进入中国的同时，一批批物美价廉的国货也走出了国门，走向世界。1997 年中国的商品出口额达到 1827 亿美元，是 1978 年的 18 倍，每年递增 16.7%。

中国的外贸出口在总量迅速增长的同时，出口结构也在明显优化。今年 4 月，海尔集团以 1000 万美元的价格向西班牙一家公司转让自己的空调技术，这件事受到海内外舆论的广泛关注。因为中国的企业向海外出口技术，这在国内企业界并不多见。海尔集团总裁张瑞敏说："这对我们来讲是一个质变，也就是说，过去我们从海外引进技术，吸收消化，然后再来生产，再向海外出口产品。我们现在掌握了这种技术，而且能够出口到欧洲，我认为这显示了我们中国家电的技术，可以在国际上参与国际竞争，而且处于一定的领先地位。"

虽然向海外出口技术,对我国的大多数企业来说目前还难以实现,但它代表了我国外贸出口20年发展的趋势。

70年代末,我国出口的商品主要是粮食、皮制品等初级产品。到1997年,工业产品已经在出口商品中占86.9%,其中机械、船舶等成套设备的出口快速增长,1998年达到437亿美元,是改革初期的50多倍。

在我国经济发展过程中,对外贸易作出了重要贡献。1978年,对外贸易只占我国国内生产总值的9.8%,到了1997年,增长到36.1%。1997年,我国国民经济增长了8.8%,其中有两个以上的百分点是出口贸易完成的。

海尔总裁张瑞敏

进入90年代,我国加快了同世界经济的联系。从1992年开始,我国连续5次大幅度下调关税,目前关税平均水平是17%。在日本大阪亚太经合组织会议上,江泽民主席向全世界作出承诺:到2000年中国平均关税水平降到15%。这些措施为促进我国经济和世界各国经济技术合作打下了坚实基础。

节自中央电视台"新闻联播"1999节目

五、听完句子,改正各句的错误

1. 1982年秋季中国出口商品交易会,昨天在广州外贸中心闭幕。

2. 在20天的会期里,前来洽谈贸易的客商有22000多人次。

3. 这届广交会交易活跃,纺织品、粮油食品等出口成交商品都比过去有增加。

4. 18个国家的贸易代表团、商会代表团或国营企业贸易公司代表团参加了这届广交会。

第十三课

二、听完范句,简要回答问题
范　句

1. 中关村已经成为中国高新技术产业化的代名词。
2. 1979年,深圳、珠海、汕头、厦门4个经济特区率先成为中国改革开放的窗口和综合试验基地。
3. 浦东坐落在长江入海的地方,通过长江这条黄金水道和7个省市连接。
4. 80年代初,一批知识分子勇敢地走出科研院所,探索科技和市场结合的道路。
5. 靠发展高新技术产业,中关村成了中国经济发展最有活力的地区。
6. 在深圳和浦东之后,21世纪中国知识经济的发展,已经从建设中关村科技园区开始。
7. 这座曾经住过75户人家的小庭院,见证过上海变化的历史,还将见证上海浦东更加美好的未来。
8. 如果说80年代的特区建设是为中国的改革开放投石问路的话,那么90年代长江流域的大开放,发展前景更加喜人。

三、听完课文一,选择正确答案

课文一　　从兴办经济特区到开发上海浦东新区

说到改革开放,人们自然会想到邓小平倡导的经济特区建设。1979年,深圳、珠海、汕头、厦门4个经济特区率先成为改革开放的窗口和桥梁,迈向现代化的综合试验基地。

广东省长卢瑞华说："特区开始发展的时候,可以说是从引进资金、甚至是发展加工业开始的。现在我们整个特区已经形成一种综合性经济发展格局了。特别是深圳,已经向着高新技术前进。"

如果说 80 年代的特区建设是为中国的改革开放投石问路的话,那么 90 年代长江流域的大开放,发展前景更加喜人。

上海市市长徐匡迪说："从 90 年代初,也就是 1990 年中央宣布浦东开发开放的新政策以来,标志着我们国家长江流域,也就是从东到西的一个大幅度的开放。浦东坐落在长江入海的地方,通过长江这条黄金水道和 7 个省市连接。现在世界上 100 家最大的跨国公司在浦东投了 80 几个项目。浦东的经济每年以 30% 的速度向上增长。现在浦东已经成为上海经济增长的一个新亮点。"

浦东的开发引起了全世界的关注。日本兴业银行上海分行行长赤松清茂说："日本企业在中国一共有 15000 家,在上海有 2500 家,其中在浦东的是 700 家。这说明到浦东来投资的日本企业越来越多了。"上海通用汽车公司是中美最大的合资项目,他们在亚太地区的总裁施雷斯说："我们双方相加,就可以成为一个非常好的企业。"法国总统希拉克用充满诗意的语言说："我就愿意站在浦东发言,在浦东,在黄浦江的东岸,太阳升起的地方,上海营造了 21 世纪重回亚洲经济大都会之列。"

如今,浦东陆家嘴金融贸易区所有的老房子都消失了,只有这座曾经住过 75 户人家的小庭院被保留下来。这座经历了几百年的小庭院,现在已经成为一座小小的历史纪念馆。它见证过上海变化的历史,它还将见证上海浦东更加美好的未来。

问:

1. 4 个经济特区没有率先承担什么任务?

2. 当前深圳发展的重点是什么?

3. 哪里的大开放前景更加喜人?

4. 中国 90 年代的改革开放有什么特点?

5. 多少家世界上最大的公司在浦东投了资?

6. 谁说浦东成了上海经济增长的新亮点?

7. 哪个国家在浦东兴办了 700 多家企业?

8. 哪个地方既能见证过去,又能见证未来?

9. 这篇报道介绍了中国哪个时期的情况?

四、听完课文二,判断正误

课文二　　　　　　　中国"中关村"

　　20世纪初,中关村还是一片荒地。1911年,这里出现了用庚子赔款兴办的清华大学。1931年,又建起了燕京大学。除了这两所大学,直到解放的时候,中关村一直是一片破旧的景象。

　　新中国成立以后,这里很快就出现了北大、清华等68所高等学校,出现了以中国科学院为代表的213家科研机构。从此,中关村成了中国的科学城和教育城。

　　80年代初,在科技体制改革精神的鼓舞下,一批知识分子勇敢地走上了探索科技和市场结合的道路。几年之后,中关村出现了150多家以经营电子业为主的公司。1988年5月10号,北京新技术产业开发试验区在这里诞生,中国的高新技术产业从这时候起开始起飞了。

　　15年前,在中科院计算所的传达室里诞生了一家只有20万元的小公司。15年后,它发展成年产值175亿元的中国最大的电子企业,这家公司就是"联想"。中关村另外一家著名企业"北大方正",创业开始的时候只有40万基金,他们研制的华光汉语激光照排系统,10年时间占领了全世界同类产品85%的市场。靠发展高新技术产业,中关村成了中国经济最有活力的地区。

　　中关村已经成为中国高新技术产业化的代名词。在它的带动下,全国又先后出现了52个国家级高新技术产业开发区。

　　1999年6月,国务院决定,在10年时间内把中关村建成世界一流的科技园区。作为国家跨世纪发展的重大战略措施,在80年代设立经济特区、90年代开发开放浦东之后,21世纪中国知识经济的发展,已经从建设中关村科技园区开始。

选自中央电视台"科技博览"1999.9节目

五、听完句子,选择正确答案

1. 上海的国民生产总值,1992年比1991年增长14.8%,比80年代每年平均增长水平翻了一倍。

   问:80年代上海国民生产总值平均每年增长:

2. 这次记者招待会开了1个小时,有4个特点,15名记者提问,涉及上海改革开放各个方面的内容,中外记者普遍反映很好。

   问:这段话没有介绍什么情况?

3. 赵副市长说,上海有50多所大学,上千个研究所,为了把科技成果转变成生产力,我们打算在浦东设立一个科技园区,尽力把科学研究、生产和金融三方面结合起来,培育科技市场。我们非常欢迎外国科学家、研究所来上海合资开办研究所。

   问:浦东正在培育的市场是:

第 十 四 课

二、听完范句,简要回答问题

范　句

1. 2000 年的春节,恰好是千年更始,世纪交替,中国龙年的第一个春天。

2. 今年的晚会增加了很多新面孔、新节目,让人感觉很有时代气息。

3. 风筝上的图案都是孩子们亲手画的,表达了孩子们对 2000 年的憧憬和祝福。

4. 12 万汉城市民和韩国各地的艺术家,在这里举行了有史以来最大的迎接新千年庆祝活动。

5. 首都各界的 20 名代表撞响了世纪钟,21 响钟声,传达出中国人民对世界和平与发展的衷心祝福。

6. 由于这台春节联欢晚会的电视观众人数最多,现在已经被列入吉尼斯世界记录。

7. 我们海外华人历来很关心祖国大陆的春节晚会,因为它是一个和祖国人民隔海团聚的好机会。

8. 无论是在世界的东方和西方,还是在世界的南方和北方,各国人民都在为这一历史时刻的到来而欢欣鼓舞。

三、听完课文一,判断正误

课文一　　　**看春节联欢晚会成了中国人的新民俗**

　　一年一度的春节,是中国最盛大的传统节日。过春节,也叫过年。从前过春节,人人都要守岁,家家都得包饺子、吃年夜饭。可是最近十几年来,中国人过年又添了看春节联欢晚会的新民俗。由于这台春节联欢晚会的电视观众人数最多,现在已经被列入吉尼斯世界记录。

　　2000 年的春节,恰好是千年更始,世纪交替,中国龙年的第一个春天。在举国欢庆的除夕夜,中央电视台为全国各族人民和海外华人华侨献上了一台热闹、喜庆的晚会。这台 4 个多小时的春节联欢晚会,通过丰富多彩的歌舞、戏曲、相声、小品等节目,展现了“满怀豪情跨世纪,龙腾报春庆振兴”的主题,受到了亿万观众的关注。根据对全国不同城市的 3544 户家庭的电话抽样调查,从 20:30 到 21:30,有 89.99% 的家庭正在收看春节联欢晚会。到 22 点,收视率又提高到 92.5%。其中 88.5% 的观众认为晚会办得好或者比较好。一位上海观众说,春节晚会是一道过年的文化大餐。今年的晚会增加了很多新面孔、新节目,让人感觉很有时代气息。北京的弋楠反映,今年的晚会我觉得最新鲜的是几位人们熟悉的歌手,拿着不同的乐器跟少数民族演员一起载歌载舞,这样的表演看起来热烈欢快,听起来亲切动听。远在巴西的华侨黄宇飞先生说,我们海外华人历来很关心祖国大陆的春节晚会,因为它是一个和祖国人民隔海团聚的好机会。今年的晚会办得很成功,很有家庭的温馨感。希望中央电视台多为我们海外华人办几台这样的晚会。

包饺子看晚会 京城团圆守岁

　　春节联欢晚会是中央电视台最受观众欢迎的名牌儿节目。从 1981 年举办以来,它年年办,年年有新意。由于它的强大艺术生命力,每年都成为社会各界关注的焦点。

四、听完课文二,选择正确答案

课文二　　　　　　　**世界期待 2000 年**

　　21 响的钟声,迎来了 2000 年的曙光,宣告了新世纪、新千年的开始。此时此刻,无论是在世界的东方和西方,还是在世界的南方和北方,各国人民都在为这一历史时刻的到来而欢欣鼓舞。莫斯科的瓦西里教堂,是俄罗斯人民庆祝 2000 年的重要场所之一。从 12 月 31 号下午 3 点开始,在这里举行迎接 21 世纪晚会,成千上万的莫斯科人将自由参加这一世纪庆典。零点的时候,人们将欢呼从克里姆林宫传出的钟声,莫斯科电视台将现场直播,把图像传到世界各地。

　　各位观众,这座巨大的舞台,就是埃及政府举行新千年庆祝演出的地方。舞台的后面,就是著名的金字塔。从今天太阳落山到明天太阳升起的时候,1000 多名世界各国的艺术家们将在这里演出 12 个小时。

　　为了庆祝新千年的到来,法国很早就开始了准备。文化部还专门成立了"2000年委员会",负责各项准备工作。巴黎的各个街道,11月份就挂满了彩灯。巴黎市政府将从其中评选出两条最有特色的街道,给予奖励。

各种各样的庆祝活动,把世界的目光引向了英国的伦敦。从1994年开始,英国政府就陆续在各地修建庆祝新千年工程190多项。泰晤士河沿岸的庆祝活动,将吸引100万人参加。据说,如果天气好的话,在太空上都能看到伦敦的礼花。

12月31号的晚上,南美洲最盛大的庆典将在里约热内卢举行。街道两旁的路灯上早就挂满了风筝,据说这象征着自由和蒸蒸日上。风筝上的图案,都是孩子们亲手画的。这些画表达了孩子们对2000年的憧憬和祝福。

纽约2000年的各项庆祝活动已经进入了倒计时状态。从1914年起,人们就在这里的时代广场举行迎新年活动。90多年来,每年都有50万人参加这里的庆祝活动。今天参加2000年到来庆祝活动的人数将要达到100万。

在日本,纪念和展望新千年的活动早就开始了。各种丰富多彩的纪念活动,表达了日本人民希望新的千年带来新的发展和繁荣的共同心愿。

1999年12月31号午夜,韩国首都汉城的光华门一片节日欢腾景象。12万汉城市民和韩国各地的艺术家,在这里举行了有史以来最大的迎新千年庆祝活动,欢送旧千年离去,迎接新千年的诞生。

在中国首都北京,从1999年12月31号深夜到2000年凌晨,2500名首都各界人士,在新建成的北京中华世纪坛隆重举行迎接新世纪和新千年庆祝活动。当倒计时牌走到1999年12月31号23点59分50秒的时候,数万名群众齐声高呼:"10、9、8、7、6、5、4、3、2、1"。2000年1月1号零点的时候,江泽民主席按动电钮,点燃中华圣火,也就在这一刻,首都各界的20名代表撞响世纪钟,21响钟声,传达出中国人民对世界和平与发展的衷心祝福。

节自中央电视台"千年庆典"活动 2000.1.1

问:

1. 世界各国人民什么时候迎来了2000年曙光?
2. 莫斯科迎接21世纪晚会在哪儿举行?
3. 埃及政府在哪儿举行新千年庆祝演出?
4. 哪个城市要奖励最有特色的街道?
5. 伦敦从哪年开始准备迎接新千年活动?
6. 里约热内卢为什么用挂风筝的方法迎接新千年?
7. 纽约时代广场2000年庆祝活动的特点是什么?
8. 这条消息没有报道哪里迎接新千年的庆祝活动?
9. 世纪钟的钟声是什么人撞响的?
10. 2000年曙光到来的时候世界各地在做什么?

第十五课

二、听完范句,判断下列每组句子的意思是不是一样

范　句

1. 去年我国接待入境旅游者达到 7279 万人次,比上一年增长 14%。
2. 春节、"五一"、暑假、"十一"这 4 个节假日,形成了国内旅游的 4 个高峰,其中仅春节、国庆节期间的国内旅游人数就达到 5800 万人次。
3. 如果上述问题解决得好,那么国家旅游局的 20 年发展目标是可以实现的。
4. 调查报告认为,无论是工业化国家还是发展中国家,旅游业作为经济支柱的地位不会改变。
5. 现在欧洲虽然仍是世界旅游业最发达的地区,但是在全世界旅游业中的比重已经从 1991 年的 62% 下降到 1997 年的 58% 左右。
6. 北美地区去年人数之所以增长不多,是到美国旅游的人数减少了 1.3%,降到 4212.7 万人次。

三、听完课文一,选择正确答案

课文一　　　　我国旅游业将持续高速向前发展

　　根据国家旅游局的最新统计,去年我国接待入境旅游者达到了 7279 万人次,比上一年增长了 14.9%;旅游外汇收入达到 141 亿美元,比上一年增长 11.9%,提前一年实现"九五"计划指标,国内旅游人数达到 7.19 亿人次,比上一年增长了 3.6%,国内旅游收入达到了 2831 亿元,比上一年增长了 18.4%。

　　我国旅游业为什么能这样快速地增长呢?国家旅游局局长何光暐指出,最重要的原因是政府部门、旅游企业和消费时尚的引导,特别是国务院出台了延长节假日的规定以后,导致了国内旅游市场的迅速扩大。春节、"五一"、暑假、"十一"这 4 个节假日,形成了去年国内旅游的 4 个高峰,其中仅春节、国庆节期间的国内旅游人数就达到了 5800 万人次,旅游支出超过了 281 亿元。

　　今年国内旅游业的发展形势将会怎样呢?何局长认为,因为假日外出旅游已经成为越来越多居民的消费时尚,假期延长使出门旅游有了更多的时间,生活收入的提高使出门旅游有了更好的经济条件,加上各地政府、交通部门的支持以及旅游部门努力提高服务质量,因此,2000 年的国内旅游一

定会持续高速向前发展。

由于对"千年虫"的恐慌心理,今年元旦没有出现旅游高峰,但是,一定会在春节期间出现。春节第一个旅游高峰过后,"五一"、暑假、国庆节和 21 世纪元旦,一定还会出现 4 次旅游高峰。北京 13 家调查机构对北京、大连、上海等 14 个城市的调查结果显示,2000 年打算外出旅游的居民达到了38.2%,比 1999 年增长了 21.2%。其中打算国内个人旅游、出国个人旅游和出国团体旅游的人数分别为 25.5%、3.2% 和 2.9%,比上一年提高了 6.0、1.6 和 1.1 个百分点。

何局长强调,旅游部门必须作好准备,不断改进工作。首先要提高旅游高峰期的接待能力和接待质量,避免出现吃不好、睡不好、玩不好的情况。其次要想方设法让外出旅游居民在高峰期和非高峰期适当分流,科学、均衡地使用旅游资源,做到淡季不淡。第三是进一步挖掘交通运输潜力,合理安排航班和车次,让旅客能按时出去按时回来。最后是要创造性地开发旅游项目,老是看高山大海、寺庙古迹,大家总会有厌倦的一天。

如果上述问题解决得好,国家旅游局的 20 年发展目标是可以实现的。这些目标是:到 2020 年,我国入境旅游人数达到 1.35 亿到 1.45 亿人次,比1998 年增长 1.1 倍到 1.3 倍;国际旅游外汇收入 520 亿到 750 亿美元,增长3.1 倍到 4.9 倍;国内旅游收入 1.9 万亿到 2.7 万亿元人民币,增长 6.9 倍到10.3 倍。旅游业总收入将超过 3.3 万亿元人民币,相当于国内生产总值的8%,比目前增长将近 1 倍。

根据 2000 年第 5 期《瞭望》改写

问:

1. 为什么说去年中国旅游业获得了高速增长?

2. 去年中国旅游市场规模迅速扩大的原因是哪几个?

3. 国内旅游业持续高速发展的原因有哪些?

4. 2000 年国内旅游将出现哪几个高峰?

5. 为了做好 2000 年的旅游工作,旅游部门应做好哪些准备?

6. 中国国家旅游局今后 20 年的发展目标是什么?

四、听完课文二,判断正误

课文二　　　　　　　世界旅游业前景看好

"世界旅游峰会"近日在法国旅游胜地沙莫尼结束。世界旅游组织秘书长弗朗切斯科·弗兰贾利在会上指出,国际旅游业前景继续看好,21 世纪旅游业将会成为世界头号产业,到 2020 年全世界游客人数将达到 15 亿,总收入将达到 2 万亿美元。

　　世界旅游组织的调查报告认为,无论是工业化国家,还是发展中国家,旅游业作为经济支柱的地位不会改变。最近几年,旅游业虽然受到区域经济危机的影响,但是 1998 年世界旅游业仍然获得了良好的发展,去年全球外出观光人数达到 6.35 亿人次,旅游收入达到了 4450 亿美元,分别是 1960 年的 9 倍和 63.5 倍。

　　从地区的情况来看,欧洲是世界上接待游客最多的地方,去年游客比上一年增长了 3%,旅游收入增长 3.6%。北美洲是旅游者最喜欢去的第二个地区,去年游客和旅游收入分别增长了 1.4% 和 2.1%。北美地区去年之所以增长不多,是到美国旅游的人数减少了 1.3%,降到了 4212.7 万人次。不过,美国在国际旅游业中赚取的外汇最多,1999 年达到了 730 亿美元,占世界总额的 16.4%。据估计,到 2010 年,国际旅游人数将会超过 10 亿人次,2015 年将达到 12 亿人次,年收入将达到 2.2 万亿美元。

　　世界旅游组织的调查报告还认为,近年来国际旅游业向多极化发展的趋势正在加强。世界旅游业由欧洲和北美洲旅游大国控制的局面正在改变。欧洲在全世界旅游业中的比重已经从 1991 年的 62% 下降到 1997 年的 58% 左右。泰国、中国、印度尼西亚、新加坡等世界新的旅游大市场正在形成和发展,旅游业还不够发达的中美洲、南美洲也将会有明显的进步。

　　目前,旅游业已经为全世界 2.5 亿人提供了就业机会,预计到 2010 年总共还将再创造 1 亿个就业机会。进入 21 世纪以后,随着生态、远洋、探险、文化等各种专项旅游的发展,培养高素质管理人才将成为各国旅游部门的头等大事。

根据 1999.12.9《经济日报》改写

五、听完课文三,回答问题

课文三　　　　　　**云南省旅游收入突破 200 亿元**

　　云南省旅游业发展迅速,去年全省接待旅游者总数将近 3800 万人次,旅游业总收入第一次突破 200 亿元,达到 204 亿元,比 1998 年增长 49%。到去年年底,全省接待海外游客 104 万人次,比上一年增长将近 37%,旅游外汇收入达到 3.33 亿美元。另外,去年还有 3670 万国内游客进入云南观光,比上年增长了 32%。

根据 2000.1.8《人民日报》缩写

第 十 六 课

二、听完范句,简要回答问题

范 句

1. 50年来,在粮食播种面积基本没变的情况下,中国依靠科学技术,人均粮食占有量由200公斤增加到400公斤。

2. 60年代初,被誉为"中国杂交水稻之父"的袁隆平,与全国许多科学家一道展开了对杂交水稻的研究。

3. 在过去的49年间,中国粮食总产量增长了3.5倍,平均每年增长3.1%,高于同期世界平均增长速度。

4. 改革开放20年来,中国平均每年增加粮食1038万吨,比前29年的平均增长量高40%。

5. 1998年中国粮食总产量位居世界第一位,人均粮食占有量达到或超过了世界平均水平。

6. 中国农业部负责人说,到2030年中国人口达到16亿的时候,我们不仅养得活,而且养得好。

三、听完课文一,判断正误

课文一 依靠自身力量,养活好中国人

从新中国成立到现在50年过去了,中国人口从4.5亿增加到12亿多。在粮食播种面积基本没变的情况下,依靠科学技术,人均粮食占有量反而由200公斤增加到400公斤,结束了食品短缺的历史。

50年来,我国已经培育成水稻、小麦、玉米、棉花、油料等主要农作物新品种6000多个,经历了4到6次大规模品种更换,而每次更换都使产量增长10%以上。

解放初期,我国水稻亩产只有50公斤左右。60年代初,被誉为"中国杂交水稻之父"的袁隆平,与全国许多科学家一道,展开了对杂交水稻的研究。1973年,"三系法"杂交水稻在中国诞生,拉开了我国水稻大增产的序幕,平均亩产增加了20%,每年增产的稻谷可以养活5000多万人。

中国的杂交水稻也给世界带来了第二次"绿色革命"。1992年初,联合国粮农组织作出一项重要决定,借助中国力量,在全世界范围内推广杂交水稻技术。

1994年,一位美国国际问题专家再一次提出了未来谁来养活中国人的问题。对这个问题,中国农业部的负责人说,到2030年,中国人口达到16亿

的时候,预计需要粮食 6 亿多吨,也就是说,今后每年粮食只要增加不到 40 亿公斤,年递增不到 1% 就可以满足人口增长的需要,而过去 50 年间,中国每年平均增产粮食近 80 亿公斤,年递增达到了 3%。

"从科学研究和成果推广以及我们现在搞的大面积示范来看,我们认为,中国到了 16 亿人口的时候,我们不仅养得活,而且养得好。"

今天,科技对农业生产的贡献率达到了 42%,高新技术已经介入了每一个领域。据了解,上海、沈阳的水稻研究,1996 年 10 月接连传来捷报,特别是大穗型直立水稻的培育成功,将使我国水稻大幅度增产。科技是农业的希望,在未来的世纪里,中国必将依托新技术进一步提高粮食产量,完全能够依靠自身的力量,养活好中国人。

选自中央电视台《新闻 30 分》1999.9 节目

四、听完课文二,判断 A、B 两句的意思是不是一样

课文二 **我国粮食供求发生历史性变化**

据《人民日报》报道,经过几代人的努力奋斗,我国粮食生产取得了巨大成就。从 1949 年到 1998 年的 49 年间,我国粮食总产量从 11318 万吨增加到 51230 万吨,增长了 3.5 倍,平均每年增长 3.1%,超过同一时期世界粮食平均增长速度。特别是改革开放的 20 年,平均每年增长 1038 万吨,比前 29 年的平均增长量高 40%。目前粮食综合生产能力基本稳定在 5 亿吨左右。粮食总产量在世界粮食产量中所占的比重,从 1949 年的 17% 上升到 1998 年的 25%。中国成为世界上粮食产量最多的国家,每人平均占有量超过了世界平均水平,总量供求关系发生了历史性变化。

根据 1999.10.25《报刊文摘》改写

五、听完课文三,简要回答问题

课文三 **今年大米仍然是供大于求**

据《经济日报》报道,1995 年以来,我国大米市场持续疲软,到 1999 年下半年,国内市场上每吨大米的价格比年初下降了 20% 左右。今年尽管各地对粮食生产结构进行了大幅度的调整,但是价格下降、购销平淡的态势依然存在。

从国际市场看,大米市场价格也在持续下降。因此,以出口带动国内市场价格上升的可能性不大。

国内大米市场价格下降的主要原因,一是近几年稻谷连年丰收,导致市场供大于求;二是陈粮压库问题突出;三是粮食生产结构不合理。

根据 2000.3.3《经济日报》改写

练 习 答 案

第 一 课

二、(P3)

1. 新闻和报纸摘要

2. 新闻和报纸摘要节目

3. 中央电视台

4. 近期一套黄金时间

5. 在天安门广场

6. 希望观众继续收看他们的节目

7.《中国电视报》

8. 3 次

三、(P3)

1. ×　　2. ×　　3. ✓　　4. ✓　　5. ✓　　6. ×

四、(P3)

1. 今天是 9 月 1 号;今天是星期三;今天是农历七月廿二

2. 电视台

3. 广播电台

4. 今天上午 8 点 30 分

5. 9 月 1 号

6. 中央电视台

7. 16 集记录片《新中国》近期将要在中央电视台播出

五、(P3)

1. ✓　　　　2. ×　　　　3. ×

六、(P4)

1. C　　　2. A　　　3. D　　　4. B

第 二 课

二、(P8)

1. 讲话

2. 社论

3. 贺卡

4. 版面内容

5. 繁荣昌盛

6. 江泽民主席

7.《人民日报》

8. 电视台

9.《光明日报》

10. 不会

三、(P9)

1. ×　2. ✓　3. ✓　4. ×　5. ×　6. ✓　7. ×　8. ✓

四、(P9)

1. C　2. B　3. A　4. D　5. D　6. A　7. B　8. C

五、(P10)

① 北京　② 一二　③ 今天白天　④ 30℃　⑤ 阴　⑥ 95%　⑦ 有小雨

第三课

二、(P14)

1. 电视

2. 中央电视台的节目

3. 广播电视语言

4. 经常看电视新闻的观众

5. 播音员和节目主持人

6. 电视新闻评论节目

7. 新闻节目

8. 基本实现村村通广播电视

三、(P15)

1. ✓　2. ×　3. ×　4. ✓　5. ×　6. ✓　7. ×　8. ✓

9. ×　10. ✓

四、(P15)

1. ① 1958　② 40 年　③ 8　④ 160　⑤ 98%　⑥ 亿万

2. ① 成绩　② "新闻联播"　③ 信息　④ 贡献

五、(P15)

1. C　2. A　3. B　4. D　5. B　6. A

六、(P16)

1. ✓　　2. ✓　　3. ×

第 四 课

二、(P19)

　1. √　　　 2. √　　　 3. √　　　 4. ×　　　 5. √　　　 6. ×　　　 7. √　　　 8. √

　9. ×　　　10. √

三、(P20)

　1. C　　　 2. A　　　 3. A　　　 4. D　　　 5. C　　　 6. B　　　 7. B　　　 8. D

　9. C　　　10. A

四、(P20)

　1. √　　　 2. ×　　　 3. ×　　　 4. √　　　 5. √　　　 6. √　　　 7. ×　　　 8. √

　9. √　　　10. ×

五、(P21)

　1. 明年

　2. 两万七千多人

　3. 法律专业本科毕业生

　4. 不招收法律专业的本科毕业生

　5. 研究生入学不收学费

　6. 法律专业

第 五 课

二、(P26)

　1. 教授外国留学生汉语和中华文化

　2. 北京语言文化大学

　3. 中国汉语水平考试

　4. 一是中国改革开放正在深化，二是中国国力不断壮大

　5. 1990 年

　6. 泰国

　7. 160 多个国家和地区

　8. 教授汉语和进行研究工作

三、(P26)

　1. 北京语言文化大学

　2. 长短期进修生、本科生、硕士生和博士生都可以

　3. 北京语言文化大学的老师们

　4. 中国汉语水平考试

　5. 开展国际合作和交往

　6. 学校的环境、培养对象、教师、科学研究和国际合作与交往

四、(P26)

1. √   2. ×   3. √   4. √   5. ×   6. √   7. ×   8. √

9. ×   10. √   11. √   12. ×

五、(P26)

1. B   2. A   3. C   4. D   5. C   6. B   7. A   8. D

第 六 课

二、(P31)

1. 汪阿金

2. 重点介绍了生活、服装和住房的变化

3. 两位服装师的设计原则不一样

4. 越来越多元化和个性化

5. 经历了"住危房—简易楼—花园式小区"的变化

6. 第 3、4、6 和第 7 句都谈到了服装问题

三、(P31)

1. 一组照片

2. 农民

3. 很少

4. 多元化和个性化的服装

5. 3 次

6. 设计出个性化的服装

7. 吴海燕

四、(P31)

1. A   2. C   3. B   4. C   5. B   6. D

五、(P31)

1. √   2. ×   3. √   4. ×   5. ×   6. √   7. √   8. ×

9. √   10. √   11. ×   12. ×

六、(P32)

① 第三   ② 6   ③ 新房   ④ 100   ⑤ 200 多

⑥ 马三立   ⑦ 花   ⑧ 绿草   ⑨ 花园式的居住小区

第 七 课

二、(P37)

1. 250 辆

2. 1931 年

3. 上海市人民政府

4. 轿车进入普通家庭

5．大概 250 辆

6．过去打车不容易,现在极为方便了

7．迎来了建设跨越海湾海峡大桥的新阶段

8．很容易

9．不。这是创造的又一项新记录

10．外宾和普通市民

三、(P37)

1．√　　2．×　　3．√　　4．×　　5．×　　6．×　　7．√　　8．√

9．×　　10．√　　11．×　　12．×

四、(P38)

中国第一个轿车村的 基本情况	名　　　称：华西村 住　　　户：320 户 第一次购车时间：1984 年 个 人 轿 车 数：250 辆 集 体 轿 车 数：50 多辆 成批购车时间：1993.3.8
中国轿车生产情况	1958 年　　　　57 辆 1964 年　　　　100 辆 60 年代前期　　250 辆
中国现有乡镇企业	1900 万个

五、(P38)

1．C　　2．A　　3．B　　4．D　　5．A　　6．C

第 八 课

二、(P43)

1．两位

2．国际体育记者协会

3．从"东亚病夫"到世界体育强国的历史跨越

4．1959 年

5．邓亚萍获得奥运会乒乓球女单冠军

6．李宁

7．国际奥委会

8．邓亚萍、李宁和容国团

三、(P43)

1．√　　2．×　　3．√　　4．√　　5．×　　6．√

145

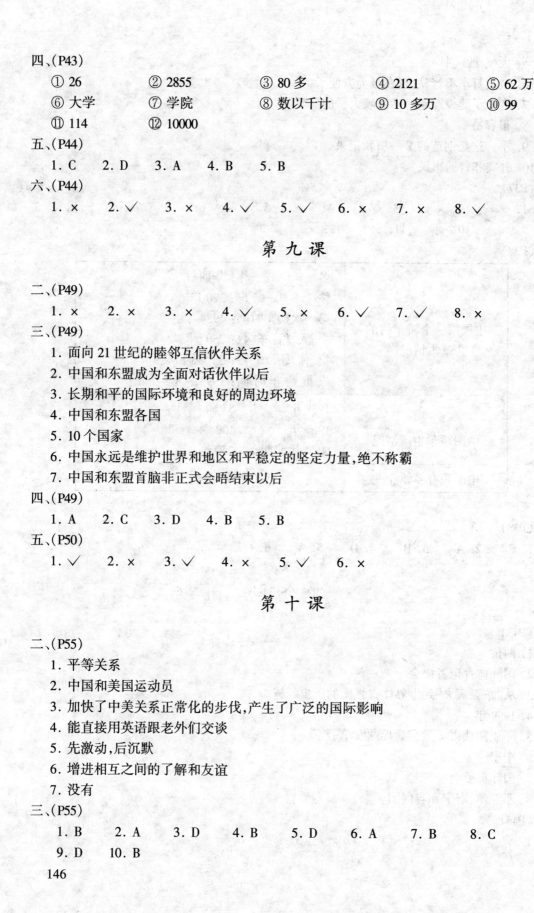

四、(P43)

① 26　　② 2855　　③ 80 多　　④ 2121　　⑤ 62 万

⑥ 大学　　⑦ 学院　　⑧ 数以千计　　⑨ 10 多万　　⑩ 99

⑪ 114　　⑫ 10000

五、(P44)

1. C　　2. D　　3. A　　4. B　　5. B

六、(P44)

1. ×　　2. ✓　　3. ×　　4. ✓　　5. ✓　　6. ×　　7. ×　　8. ✓

第 九 课

二、(P49)

1. ×　　2. ×　　3. ×　　4. ✓　　5. ×　　6. ✓　　7. ✓　　8. ×

三、(P49)

1. 面向 21 世纪的睦邻互信伙伴关系

2. 中国和东盟成为全面对话伙伴以后

3. 长期和平的国际环境和良好的周边环境

4. 中国和东盟各国

5. 10 个国家

6. 中国永远是维护世界和地区和平稳定的坚定力量,绝不称霸

7. 中国和东盟首脑非正式会晤结束以后

四、(P49)

1. A　　2. C　　3. D　　4. B　　5. B

五、(P50)

1. ✓　　2. ×　　3. ✓　　4. ×　　5. ✓　　6. ×

第 十 课

二、(P55)

1. 平等关系

2. 中国和美国运动员

3. 加快了中美关系正常化的步伐,产生了广泛的国际影响

4. 能直接用英语跟老外们交谈

5. 先激动,后沉默

6. 增进相互之间的了解和友谊

7. 没有

三、(P55)

1. B　　2. A　　3. D　　4. B　　5. D　　6. A　　7. B　　8. C

9. D　　10. B

四、(P56)

　　1. ×　　2. ×　　3. ✓　　4. ×　　5. ✓　　6. ✓

五、(P56)

　　① 1973　　　　② 200个　　　　③ 80多个　　　　④ 800多对

　　⑤ 江苏和山东　　⑥ 开始向中西部转移　　⑦ 100亿美元　　⑧ 60多亿美元

第 十 一 课

二、(P61)

　　1. 中日关系

　　2. 虽然遭受日本侵略,却把日本孤儿养大成人

　　3. 让子孙万代铭记中国人民的恩德

　　4. "侵略"二字

　　5. 能不能正视日本侵略中国的历史问题

　　6. 建立致力于和平与发展的友好合作伙伴关系

　　7. 痛感侵略战争给中国人民造成重大灾难的责任

三、(P61)

　　1. ×　　2. ×　　3. ✓　　4. ✓　　5. ×　　6. ×　　7. ✓　　8. ✓

　　9. ✓　　10. ×　　11. ✓　　12. ✓

四、(P61)

　　1. B　　2. C　　3. A　　4. A　　5. D　　6. B　　7. C　　8. D

　　9. C　　10. B

第 十 二 课

二、(P67)

　　1. 粮油等土特产品

　　2. 土特产品是主要的

　　3. 20多年

　　4. 在20多年中占主要地位

　　5. 在广州举办出口商品交易会

　　6. 海尔集团

　　7. 物美价廉

　　8. 17倍

　　9. 中国商品出口额

　　10. 中国的"旗袍"和"时装"

三、(P67)

　　1. B　　2. D　　3. A　　4. C　　5. C　　6. A　　7. A　　8. B

　　9. D　　10. D

四、(P68)

1. √ 　　2. × 　　3. √ 　　4. × 　　5. √ 　　6. √ 　　7. √ 　　8. √
9. × 　　10. √ 　　11. × 　　12. √ 　　13. ×

五、(P68)

1. 1982 年秋季中国出口商品交易会,昨天在广州外贸中心闭幕。

2. 在20 天的会期里,前来洽谈贸易的客商有 22000 多人次。

3. 这届广交会交易活跃,纺织品、粮油食品等出口成交商品都比过去有增加。

4. 18 个国家的贸易代表团、商会代表团或国营企业贸易公司代表团参加了这届广交会。

第 十 三 课

二、(P73)

1. 中国高新技术产业化

2. 现代化综合试验基地

3. 上海浦东

4. 探索科技与市场结合的道路

5. 依靠发展高新技术产业

6. 北京中关村科技园区

7. 3 个阶段

8. 一座住过 75 户人家的小庭院

9. 中国不断扩大对外开放的进程和各个阶段的主要特点

三、(P73)

1. B 　2. A 　3. C 　4. D 　5. D 　6. A 　7. C 　8. B 　9. C

四、(P74)

1. × 　　2. √ 　　3. √ 　　4. × 　　5. √ 　　6. × 　　7. √ 　　8. ×
9. × 　　10. √ 　　11. × 　　12. √

五、(P74)

1. D 　　2. A 　　3. C

第 十 四 课

二、(P79)

1. 3 个

2. 对 2000 年的憧憬和祝福

3. 增加了新面孔、新节目,有时代气息

4. 因为收看的人数最多

5. 因为它是跟祖国人民隔海团聚的好机会

6. 第一天

7. 有史以来规模最大的一次迎新千年庆祝活动

8．都在为 2000 年到来而欢欣鼓舞

9．一是中国 2000 年春节晚会,二是各国欢庆 2000 年到来的庆祝活动

三、(P79)

　　1．×　　2．√　　3．√　　4．×　　5．×　　6．√　　7．√　　8．×

　　9．√　　10．√　　11．×

四、(P79)

　　1．C　　2．B　　3．A　　4．D　　5．C　　6．A　　7．C　　8．B

　　9．B　　10．D

第十五课

二、(P84)

　　1．×　　2．√　　3．√　　4．√　　5．×　　6．√

三、(P85)

　　1．D　　2．B　　3．D　　4．C　　5．C　　6．A

四、(P86)

　　1．√　　2．√　　3．×　　4．×　　5．√　　6．×　　7．√　　8．√

　　9．×　　10．√　　11．√　　12．√

第十六课

二、(P91)

　　1．400 公斤

　　2．袁隆平

　　3．中国

　　4．16 亿

　　5．粮食

三、(P91)

　　1．×　　2．√　　3．√　　4．×　　5．√　　6．√　　7．×　　8．√

　　9．×　　10．√　　11．√

四、(P92)

　　1．√　　2．√　　3．×　　4．√　　5．×　　6．×　　7．√　　8．√

五、(P93)

　　1．仍然是供大于求。

　　2．一是稻谷连年丰收;二是陈粮压库问题突出;三是粮食生产结构不合理。

　　3．可能性不大。因为国际市场大米价格也在持续下降。

　　4．表现在大米价格下降,购销平淡等方面。

课 外 听 力 材 料

第 三 课

1. 在北京西郊,有一座很大的广播电台,它就是中国国际广播电台,对外呼号叫"北京广播电台"。中国国际广播电台,每天用 38 种外国语和汉语普通话以及 4 种汉语方言向世界各地广播,传播各种最新信息。据统计,光是 1997 年,这家电台就收到 161 个国家和地区的 65 万封听众来信。许多听众都说,中国国际广播电台是他们了解中国的主要渠道。

2. 爱泼斯坦原来是一位外国专家,后来加入了中国国籍。他从 15 岁开始在中国从事新闻工作,到现在快 70 年了。他常说,中国越是改革开放,越需要让世界正确地认识中国。可是我们现在对外宣传的书报杂志出的却在减少。外国人在自己家里看不到中国的报刊,到中国旅游,住在饭店宾馆里也看不到中国的报纸,这怎么行呢? 为了向世界广泛地传播中国的真实情况,这样花一些钱不叫浪费。如果影响了对外传播中国真实情况,那才是真正的浪费! 浪费了比钱贵得多的东西。

3. 在一个节目里,著名电视节目主持人倪萍诚恳地说:我在这里郑重向电视观众道歉。我曾经在一台晚会中把"边哨卡(qiǎ)"错误地念成"边哨卡(kǎ)"。后来是一位小朋友写信给我指正的,我非常感谢他。从那以后,我一出门书包里就装上一本字典。听了倪萍的道歉,一位观众给电视台写信,希望所有的播音员和主持人都像倪萍那样,热爱自己的工作,自觉当好推广汉语普通话的老师。

4. 《中国青年报》报道说,北京人读报的时候,最关心新闻。一项调查表明,北京人最关心国际新闻,经常阅读国际新闻的人占 74%,其次是"国内新闻",占 70%。关心"本地新闻"、"体育报道"和"社会新闻"的,分别占 43%、39% 和 35%。

5. 美国"民众与新闻研究中心"的一份调查说,美国人认为美国新闻报道"经常不准确"的占 65%,比 1985 年增加了 30 个百分点。美国《投资者商业日报》说,这项调查表明,美国人不相信本国的新闻界,但是美国人仍然受到它的影响。

第 四 课

1. 新中国成立 50 年来,中国已从文盲人口占 80% 的文盲大国变成非文盲人口占 80% 以上的教育大国。截止 1998 年底,我国 15 岁以上人口中的文盲为 1.35 亿人,成人文盲率为 14.5%,青壮年文盲率为 5.5%。中国政府将用 5 年或更长一点时间,巩固和扩大前一段的扫盲成果,全面推进扫盲教育,认真做好扫除文盲的各项工作。

2. 据《人民日报》报道:国家在今年将进一步扩大招收 33.1 万人,其中研究生扩招 3900

人,普通高等学校扩招 22.7 万人,成人高等学校扩招 10 万人。这次扩招的专业都是国家经济建设和社会发展所急需的专业。今年秋季全国高等教育招生的实际总规模将接近 270 万人。这是新中国成立以来正常情况下招生数量增幅最大的一次。

3. 从新中国成立到 1978 年,中国政府根据社会主义建设需要,积极创造条件,有计划地向国外派出留学生 12775 人,同一时期接收外国留学生 9724 人。改革开放以来,中国与各国际组织、各国政府以及有关学校的国际合作全面展开,截止 1998 年,中国出国留学生达到 30.9 万名,接收 160 多个国家、地区来华留学生 29.7 万名。

4. 在实施"科教兴国"的发展战略中,青海省大力振兴民族教育。目前全省各类少数民族学校发展到 1601 所。其中民族高校 2 所,民族中专 13 所,民族中学 109 所,民族小学 1477 所,各类寄宿制民族中小学 401 所,基本形成了具有地方特色的民族教育体系,探索出一条成功的办学经验,为全面振兴青海经济和社会发展培养了大批人才。

5. 1986 年全国人大通过《中华人民共和国教育法》以来,在普及初中等教育方面取得显著成效。截止到 1998 年底,初级中等学校在校学生数达到 5363 万人,比 1949 年的 83 万人增长 64 倍,高中在校人数达到 938 万人,比 1949 年的 21 万人增长 44 倍。

第 五 课

1. 在瑞典斯德哥尔摩经济学院举行的"中国课题"活动日上,14 名中文系的同学向老师、同学和企业家们介绍了他们"中国课题"的研究情况。一位同学说,为了这个课题,光是查材料写报告,就用了 500 多个小时的课余时间。但我们学到了平时 500 多个小时学不到的东西。另一个同学说,没去中国以前,我对它批评多,因为我们这里正面报道中国的情况很少。去中国访问以后,我会对家人、同学和朋友说,中国今天的情况不是像这里的电视所说的那样。当记者问他们,你们对中国这么感兴趣,是不是想去中国工作的时候,他们都异口同声地回答:"我们当然想去中国工作!"

2.《人民日报》驻韩国记者王林昌报道,中韩两国在教育方面的交流与合作越来越活跃。据不完全统计,到 1996 年底,韩国的 80 所大学已经和中国的 207 所大学结成了校际友好合作关系。目前韩国在中国各大学留学的学生有 1.2 万人,是各国在中国留学人数最多的国家。中国在韩国留学的人数也不断增加。从 1993 年以来,中国先后在韩国举办了 9 次汉语水平考试,参加考试的人有 7000 多人。

3. 1997 年 5 月 25 号,18 个国家的 11727 人在 47 个城市参加了汉语水平考试,是最近几年来参加考试人数最多的一次。出现这种盛况的原因很多。首先是到中国留学的需要。从 1995 年开始,凡是到中国高等学校留学的外国人,都必须经过汉语水平考试。其次是工作的需要。许多在中国的外国公司都要求他们的职员必须通过汉语水平考试,否则的话就会影响他们的工作和工资。

4. 据《北京青年报》报道,50 年代初期,中国的对外汉语教学开始起步。1950 年,波兰、捷克斯洛伐克的留学生首先来到中国学习汉语。60 年代"文化大革命"的时候,许多国家的留学生纷纷回国,只有少数几个国家的 40 多名留学生继续在中国学习汉语。70 年代初恢复接收外国留学生后,5 年才接收 2266 名留学生。80 年代中国实行改革开放以后,不但招收公费留学生,也开始招收自费留学生。特别是到了 90 年代,自费留学生成了外国留学生的主力军。在这同时,来中国专门学习对外汉语教学专业的本科生、硕士和博士研究生也显著增加。

5. 据《光明日报》消息,在昨天北京语言文化大学举行的外国来华本科留学生毕业典礼上,有 22 个国家的 212 名留学生,经过 4 年努力,获得了学士学位。这是北京语言文化大学培养的第 18 批汉语本科留学生。据了解,这批毕业生,有的将留在中国,继续学习或者从事工作,有的将要走向世界各地,成为中外文化交流的友好使者。

第 六 课

1. 从 1994 年到现在,中国的服装产量和出口数量都在世界占第一位。中国现在有 4.5 万个服装企业,385 万工人,每年生产 96 亿件服装,出口到 130 个国家和地区。中国虽然是世界上的服装大国,但是还不是世界上的服装强国。因为直到现在,中国还没有一个自己的世界名牌产品,也没有一个具有国际影响的服装设计大师。

2. 来自国家统计局的消息说,改革开放 20 多年来,中国城镇居民和农民的住房条件进一步得到改善。城镇居民每人平均居住面积,1978 年为 3.6 平方米,1998 年提高到 9.3 平方米,增加了 1.6 倍,农民每人平均居住面积,从 1978 年的 8.1 平方米提高到 1998 年的 23.7 平方米,增加了将近两倍。

3. 老摄影记者徐永辉,50 年来一直跟踪拍摄浙江农民汪阿金家庭变化的照片。1950 年他到汪阿金家拍照片的时候,汪阿金坐在茅草房里对他说:"我现在还很穷,以后盖了瓦房,一定请你来玩"。1978 年他实现了盖瓦房的愿望。1998 年徐永辉去汪阿金家的时候,汪阿金的妻子对他说:"你第一次来的时候,我们住在茅草房里,也没有什么吃的。现在生活可好了。你看,我二儿子的楼房多好啊!我大儿子和小儿子都在城里买了房。这么大的变化,过去我们穷人连想也不敢想,全是共产党领导的好!"

4. 据《人民日报》报道,改革开放的 20 年,是我国农民生活水平显著提高的 20 年。如今,全国已经有 94% 以上的农民不但过上了温饱有余的生活,而且正在一步步迈向小康。其中没有解决温饱的人口,从 20 年前的 2.5 亿人减少到 4000 万人。温饱问题已经不是影响中国农村生活最重要的事情了。

5. 随着经济建设的高速发展,我国人民的生活质量有了比较大的提高。拿我国人民的平均寿命来说,新中国成立以前是 35 岁,1957 年提高到 57 岁,到了 1999 年,又提高到了 70 岁。50 年间,人们的平均寿命增加了一倍,这在世界上也是很少的。

第 七 课

1. "要想富,先修路",这是人们对公路重要性的共同认识。据《经济日报》报道,到 1998 年末,全国实现了 100% 的县、99% 的乡和 87% 的行政村通公路。目前,一个分布合理、四通八达的全国公路网已经初步形成,正在为我国经济和社会发展发挥着巨大作用。另据报道,我国的飞机航线,新中国刚成立的时候只有 12 条,现在发展到 1122 条。通航的国家也从 5 个增加到 34 个。

2. 记者从北京市出租汽车管理局了解到,一种被北京人叫做"面的"的小型面包式出租汽车,1988年在北京一出现,就受到了顾客的欢迎。短短8年间,北京的"面的"达到了3.5万辆,占到当时北京出租汽车总量的51%,为方便北京人出门坐车发挥了积极作用。在它完成历史性任务以后,已经在国庆50周年前夕告别了北京市出租车行业。一种更加舒适、漂亮、美观的新型出租汽车,将代替"面的"继续为首都人民服务。

3.为了迎接西部大开发,甘肃省将全面加快公路、铁路、机场、广播等项建设。到2010年基本形成适应西部大开发的基础设施。1999年甘肃交通基础设施建设完成投资41亿元,比1998年多1倍,其中公路重点建设完成投资30亿元。

4.50年代初期,我国的大桥建设者们,只用了两年多时间就建成了武汉长江大桥,结束了万里长江没有桥的历史。从那以后,我国又在南京、重庆、九江等地建起了一座座跨江大桥。据统计,改革开放以后的头10年,南京长江大桥每天就要通过150列火车,3万多辆汽车,直接经济效益有30亿元。

5.《人民日报》"汽车"专版主持人王政写文章说:2000年,中国汽车工业将继续保持比较快的增长速度,年产量可能达到200万辆,其中轿车70万辆,客车55万辆。他指出,2000年将是中国汽车工业的调整年,今后中国将重点发展经济型轿车,加快上海汽车工业总公司、中国第一汽车集团公司和东风汽车公司三大集团建设,促进汽车工业的发展。

第 八 课

1.8月7号,国家体育总局在北京向新闻界公布了《中国社会现状调查结果报告》。调查表明,每个星期参加3次以上锻炼的人口占全国总人口的31.4%;群众最喜欢的项目主要是跑步、打球和游泳;城乡居民活动的主要场所是公园、居委会空地,其次是单位、学校和社区的体育设施。调查报告说,目前中国场馆有79.8%建在城市,只有20.2%建在农村。

2.1997年10月25号,中华人民共和国第八届运动会圆满结束,在短短的13天里,8000中华健儿热情参与,取得了一个个好成绩。一共有179人、659次超过41项世界记录,有4人4次平两项世界记录,有100人3个队367次超55项亚洲记录,有88人6个队142次创造了66次全国记录,实现了运动成绩和精神文明双丰收。

3.1979年,中国恢复了在国际奥委会的合法席位以后,中国全面登上了国际体育舞台。1984年在第23届奥运会比赛的第一天,著名射击运动员许海峰夺得了这届奥运会的第一枚金牌,实现了中国在奥运会上奖牌"零的突破"。中国的成就引起了各国注意,国外新闻界惊呼:"中国是正在崛起的巨人。"

4.1997年6月1号,"亚洲第一飞人"柯受良,在万众欢呼声中实现了驾驶汽车飞越黄河的愿望。在这以前,他还驾驶摩托车飞越过万里长城。实现了飞越黄河的愿望以后,柯受良对记者们说:我选择在1997年香港回归中国以前的时间飞越,目的就是让全世界知道,外国人做得到的,我们中国人都可以做到。

5.1999年,在美国举行的第三届世界杯女子足球比赛中,中国女子足球队克服困难,顽强拼搏,夺得了亚军,为中国人民赢得了荣誉,受到全国人民的称赞。朱镕基总理在给中国女子足球队的贺信中宣布:国务院决定对中国女子足球队予以表彰和奖励,并且希望她们认真总结经验,再接再厉,为中国体育事业的发展作出新的贡献。

第九课

1. 中国外交部发言人说,江泽民主席和东盟国家领导人就中国与东盟关系问题广泛交换了意见,一致通过了《中华人民共和国与东盟国家首脑会晤联合声明》。《联合声明》是中国和东盟首脑非正式会晤的重要成果,不仅确定了指导双方关系的原则,而且把建立面向21世纪的睦邻互信伙伴关系作为共同的政策目标,这标志着中国和东盟关系跨入了一个新的阶段。

2. 中国是和平共处五项原则的倡导国之一,中国坚持在相互尊重、平等相待、求同存异、互利合作的基础上,和亚洲国家发展睦邻友好。中国和亚洲国家关系不断发展的事实已经证明,虽然国家有大小,历史背景、社会制度、发展水平、文化传统和价值观念不完全一样,但只要坚持上边所说的原则,亚洲各国之间就能和睦相处。

3. 在非洲统一组织第35届首脑会议上,非洲人民发出了誓言:非洲有能力解决自身的问题,有能力在国际事务中发挥应有的作用。50多个非洲国家在联合国大家庭中占了1/3。非洲始终是促进世界和平与发展的积极因素,是国际舞台上一支不可忽视的重要力量。中国和非洲各国都是发展中国家,中国人民和非洲人民一贯平等相待、相互支持、相互同情、相互帮助。中国衷心希望看到一个和平稳定、繁荣富强的非洲屹立于世界。

4. 印度尼西亚总统瓦希德在会谈中表示,印尼政府将为印尼华人享有同其他民族一样的权利、完全融入印尼社会作出不懈的努力,使印尼各族人民一起共建自己的国家。江泽民主席对瓦希德总统的表态表示赞赏。他说,我们认为印尼华人早已是印尼多民族大家庭中的一员,长期以来,他们为印尼的经济建设作出了重要贡献,他们应该享有同其他印尼公民同样的权利和义务。

5. 经历了55年的民族分裂之后,朝鲜和韩国最高领导人,在2000年6月举行了第一次会晤。双方认为,这次首脑会晤,对增进相互理解,发展南北关系,实现和平统一具有重大意义。双方首脑在会晤中,还就民族团结,自主解决统一问题交换了意见,并且达成了共识,签署了"共同宣言"。双方首脑一致承诺:要为实现朝鲜半岛的统一和开展各个领域的合作与交流而努力。

第十课

1. 在周恩来会见美国乒乓球代表团的时候,科恩对周恩来总理说,我想知道您是怎么看待今天美国青年中的嬉皮士的?周总理回答说,根据人类社会的发展史来看,人类一定会找到普遍真理。我们同意青年人尝试各种不同方法寻求真理。但有一点,你应该经常设法找到和人类大多数的一些共同点,使大多数得到进步和幸福。同样,如果经过自己实践之后,发现这样做是不正确的,那就应该改变,这也是追求真理的途径。周总理的话被电波传到美国,两天以后,一束红玫瑰花被送到周总理的办公室,玫瑰是科恩的母亲托人送来的。

2. 1970年10月1号,周恩来特地把一个叫斯诺的美国人安排在毛泽东主席身旁,在天安门上参加中国的国庆节,给尼克松总统发出了一个特别的外交信号,目的是让美国人看一看,中国最高领导人对美国人民是友好的,既然对美国人民友好,那么对美国总统,中国也不会让他多么难堪。可是这一点,尼克松总统却没有弄明白。他后来对周恩来说,哎呀,实在抱歉! 我们这些西方人太迟钝了,根本体会不出你们东方人这样高超的暗示。我们当时以为斯诺是个亲共分子,不理他。由于东方式的信息没被美国总统理解,中美双方就错过了一次接触的机会。

3. 中国一贯主张,国家不论大小、贫富、强弱,都是国际大家庭中平等的一员。各国人民有权根据自己国家的国情,从本国人民的根本利益出发,选择自己的发展道路。各国人民的这种选择都应该受到尊重。在国际关系中都应该严格遵守互不干涉内政的原则。一切国际争端和地区冲突,都应该通过和平谈判、平等协商求得公正合理的解决,不应该使用武力或用武力相威胁。

4. 在过去的 25 年里,英国前首相、保守党领袖爱德华·希思,曾经 24 次访问中国,受到过毛泽东、周恩来、邓小平和江泽民等领导人的接见。他几乎走遍了中国,到过西藏和中国的许多大城市。他关注中国的农业、工业改革,关注怎么样控制人口增长,以及人民生活水平的提高等问题。他说,他和三代中国领导人都有过交往,中国的现代化是具有实质意义的。中国改革的成功符合中英两国的利益。

第 十 一 课

1. 1998 年 11 月 27 号,中日两国发表联合公报说,双方认为,签署《中日关于进一步发展青少年交流的框架合作计划》,对增进两国相互了解和发展两国友好关系,都有重要意义。双方一致同意,从 1999 年到 2003 年间,争取实现 15000 人规模的青少年互访交流。

2. 正在日本进行访问的江泽民主席,昨天在早稻田大学发表演讲的时候说:"总结过去,展望未来,可以得出几点重要认识。第一,要百倍珍惜和维护中日两国人民共同努力建立起来的睦邻友好关系。第二,要正视中日关系史上出现的那段不幸经历,从中真正吸取历史教训。第三,要随着时代的前进推动中日两国关系不断向前发展。"

3. 日本军国主义发动的侵略战争,不仅给中国人民造成了极大的灾难,也使日本人民深受其害。历史是一部最好的教材,血的事实教育了一些日本旧军人。曾经担任过驻山东一带侵华日军中将的藤田茂,是一名日本战犯。他被中国提前释放回到日本以后,为中日友好作了许多工作,成了中国人民的朋友。他 80 岁病危的时候,特地让家人把中国发给他的干部服给他穿上,他就是穿着这套"中山装"离开人间的。

4. 4 月 11 号,87 岁的日本老兵东史郎来到中央电视台"实话实说"节目演播现场,面对中日两国观众,揭露日本侵略军在南京进行大屠杀的事实真相,并讲述了 60 年前他自己在中国曾经犯下的罪恶。流着眼泪看完这个节目的一位中国商人说,他的父亲死在了日本鬼子手上,他对日本人的仇恨不能用语言表达。他说,如果日本人都能像东史郎这样对待历史,那对中日两国人民来说才是好事情。

5. 1975 年 5 月 7 号,来自党中央、国务院和 15 个省市自治区的 600 名各界人士,乘坐中日友好之船,对日本进行了将近一个月访问。这不仅是新中国成立以来规模最大的一个友好使团,而且也创造了中日两国历史上海路交往的记录。中日友好之船在环绕日本列岛一周的访问中,先后停靠在 10 个港口,访问了 33 个日本都、道、府、县,许多团员反映,通过这次访问,不但亲眼看到了勤劳智慧的日本人民的创造性劳动,开阔了眼界,增长了知识,而且亲身体会到了日本人民对中国人民的友好感情，真是乘船绕一周，友谊达千秋。

第 十 二 课

1. 随着 70 年代初中国对外关系取得的重大突破,1978 年以后,中国的对外贸易进入全面恢复和持续、快速发展的新时期。20 年间,中国的外贸进出口额从世界第 32 位上升到第 11 位,1998 年达到 3239.3 亿美元;外汇储备超过 1400 亿美元,在世界占第二位。目前,中国已经成为世界贸易大国。

2. 改革开放以来,由于实施"以质取胜"、"市场多元化"等战略方针,中国对外贸易每年平均增长 14.8%,超过同一时期国民经济的增长速度,也超过同期世界贸易的增长速度。目前进出口商品结构明显优化,出口贸易实现了由主要出口初级产品向主要出口工业制成品的历史性转变。从 1995 年起,机电产品一直是中国第一大类别出口商品。与此同时,中国的贸易伙伴也从 1950 年的 46 个国家和地区发展到现在的 227 个。

3. 被人们誉为"贸易的桥梁,友谊的纽带"的广交会,从 1957 年创办到现在,已经成功地举办过 86 届。到会的客商从第一届的 19 个国家和地区的 1233 人,发展到目前的 170 多个国家和地区的 8 万来人。

4. 上海和世界经济的联系越来越密切。1978～1998 年间,上海外贸进出口总额为 2053.52 亿美元,每年平均增长 11.4%。1998 年为 260.46 亿美元,比上年增长 5.2%。通过上海海关进出口总额为 4380.11 亿美元。1998 年为 636.4 亿美元,比上年增长 8.5%,占全国进出口贸易额的 1/6。

5. 灵活多样的贸易拓展了中国的对外贸易领域。1980 年加工贸易只占全国进出口贸易额的 4.4%。到了 1998 年,加工贸易所占进出口总额的比重增加到 53.4%,成为中国目前最主要的对外贸易方式。

6.《人民日报》记者报道说:第 86 届广交会到会客商突破 9 万大关,出口成交额创历史最高记录,达到 127 亿美元。这次共有 174 个国家和地区的客商到会,新客商占 30% 左右。从 2000 年起,广交会会期将从 15 天缩短到 12 天。第 87 届春交会明年 4 月 15 日开幕,4 月 26 日结束。

第 十 三 课

1. 深圳原先只有一家工厂,一家银行和一条不到 200 米的街道,是个两万多人的小镇。1979 年兴办经济特区以后,深圳发生了天翻地覆的变化。如今的深圳,已经拥有各种金融机构和服务网点 1500 家,各类商业网点 7 万家,初步形成了信息技术、生物技术和新材料技术产业群。全世界 50 多家大型跨国公司在这里投资兴办高新技术企业。深圳已经变成了一座拥有 200 多万人口的现代化国际性城市。

2. 浦东开发开放以来,经济持续快速健康发展。国内生产总值从开发初期的 60 亿元上升到 1998 年的 708 亿元;1998 年的工业总产值,跟 80 年代后期上海全市工业产值的总量一样多。这个面积只占上海 1/12 的浦东新区,1998 年完成的 GDP、工业总产值和银行存款余额都占全上海的 1/5,外贸出口占全上海的 1/4。

3. 1992年同上海各界人士一起欢度春节的时候,88岁的邓小平高兴地说:"我向大家拜年,祝你们春节快乐,并且通过你们向全体上海人民,首先是上海工人阶级拜年。"他说,对于中国来说,大发展的机遇并不多,希望你们不要丧失机遇。邓小平还充分肯定了上海人民所做的工作。他指出:"上海人民在1992年做出了别人不能做到的事情。你们上海去年努力了一年,今年再努力一年,乘风破浪,克服困难,更上一层楼。"

4. 提起北京的中关村,人们马上想到的是一座科学城和教育城。因为这一地区集中了60多所高等学校和200多家科研院所,集中了十几万科技人才。80年代初,随着科技体制的改革,这里先后兴办起一批科技企业,涌现了一批被人们称做"中关村人"的科技企业家。这批学有成就的科技人才,创造出一系列名牌产品。他们是中国企业界最聪明最善于学习的人,他们具有文化素质高、创新精神强等突出特点,他们是推动中关村高新技术企业蓬勃发展的关键所在。

5. 中关村的发展带动了中国高新技术产业的发展。到1998年底,全国已经建成了国家级高新技术开发区53个,形成了基本合理的综合布局。目前53个高新区总收入达到4800亿元,较大规模的企业15000家,每年用在研究开发方面的经费将近100亿元,在180万的就业人员中,具有大专学历的占1/3以上,70%的产品有自己的知识产权,每人每年平均产值24万元,是中国工业平均水平的8～10倍。

6. 说到中国的改革开放和社会发展,社会上流传着这样一个看法:"80年代看深圳,90年代看浦东。"那么下一个10年看哪里呢?人们异口同声地说,中关村将是在深圳和上海浦东之后又一个令人关注的焦点,因为"21世纪中国知识经济的发展必将从这里开始"。

第 十 四 课

1.《北京晚报》联合首都机场等单位,举办了"为北京守岁"的春节主题活动。从除夕下午2点到大年初一零点20分,200多名普通市民高高兴兴地走出自己的小家,汇成一个大家庭,一起参观北京为庆祝建国50周年而兴建的东方广场、首都机场新航站楼以及中华世纪坛等建筑。一名叫王乔的山东小朋友说:"这是我第一次来北京,我太喜欢这座城市了,回家后要好好学习,长大后考北京名牌大学,为这座城市的建设和发展尽一份力。"

2. 龙年除夕的下午,70多位英国游客特地赶到北京,感受北京人过年的喜庆气氛。这些"老外们",在古朴的西旧帘子胡同看什么都新鲜。最热闹的是他们到居民家去包饺子,最让他们感兴趣的是买风筝等工艺品,他们觉得收获最大的是学会了说"新年好"、"谢谢"、"万事如意"等中国话。

3. 一项在全国14个城市进行的调查表明,电话已经代替了写信和打电报,成为居民最重要的联系方式。随着电话的普及,春节期间用电话拜年成为时尚,据北京长途电话局统计,从除夕夜20点到大年初一两点,北京人打长途电话拜年的有233万次,比平时打长途电话的增加了64倍。

4. 中央电视台推出的《相逢2000年》特别报道,在24小时内连续播报全球各地迎接新世纪、新千年的庆典活动。广大观众从中欣赏到20多个国家日出日落的壮美景象,以及世界各国具有鲜明民族特色的歌舞。

5. 2000年元旦,德国首都柏林举行了有史以来最盛大、最壮观的群众狂欢晚会。随着新年钟声的敲响,聚集在这里的 150 多万人齐声欢呼,隆隆的焰火声,开香槟酒的"砰、砰"声响成一片。人们互相祝贺、热烈拥抱,祝贺新年、新世纪、新千年的到来。在这个夜晚,德国一共喝掉了 5000 万瓶香槟酒。

6. 当象征 2000 年到来的 20 响礼炮响过之后,聚集在北京八达岭长城的数千名中外人士,欢呼跳跃,互相祝福,欢庆新千年的到来。长城,是人类历史的重要遗产。它作为地球上最雄伟的建筑之一,是世界各国游客最向往的地方。1000 多人的西方旅游团,一个个来到长城脚下,专程来这里参加 2000 年倒计时迎接新千年活动。他们当中不少人知道毛泽东主席"不到长城非好汉"的名言,都为能亲自体验一下当"好汉"的感觉而高兴和自豪。

第 十 五 课

1. 据《人民日报》(海外版)报道,在过去的 20 年里,中国旅游业已经从旅游资源大国发展成为亚洲旅游大国,实现了历史性的转变。国家旅游局的人士说:从 1978 年到 1998 年,中国入境旅游人数增长了 35 倍,旅游创汇增长了 48 倍,两项分别由原来世界排名第 41 位上升到世界第 6 位和第 7 位,1999 年旅游入境人数又上升到世界第 5 位。中国今后 20 年的发展目标,就是从亚洲旅游大国向世界旅游强国迈进,实现新的历史性转变。

2. 中国国家旅游局局长宣布:第 10 个五年计划期间,中国将组织专项旅游。每年的主题是:2001 年中国体育健康游,2002 年中国民间艺术游,2003 年中国烹饪王国游,2004 年中国百姓生活游,2005 年将举办第三个"中国旅游年",掀起新世纪中国旅游的新高潮。

3. 《经济日报》报道说,世界旅游组织预测,从现在到 2020 年,国际旅游业将成为世界服务贸易中的一个热门行业,进行国际旅游的人数每年将递增 4.3%。太空旅游将成为 21 世纪的新时尚。到那个时候,花费 10 万美元,4 天就可以做一次遨游太空的旅游。东亚地区,特别是中国将成为国际旅游的热点中的热点。预计那个时候去中国观光旅游的国际游客将会超过 2.5 亿人次。

4. 国内一项消费调查表明,今后人们最向往的三项消费是:开汽车、住好房子、走天下。"走天下"就是旅游。现在,对许多人来说,出门看世界已经成为人们生活的一个重要内容。因为通过旅游,可以了解不同的文化,体验不同的民俗风情和生活方式,寻找更新的乐趣。

5. 旅游需要具备三个条件:一是居民收入达到了一定的水平,就是说要"有钱"。二是休闲时间增多,也就是说要有一定的空闲时间。目前,德国人一年有 104 天的周末,12 天的公众假期,另外还有 29 天的带薪假期。英国、法国、美国、日本的公众假期和带薪假期也都达到了一个多月。三是旅游的需求不断增强。旅游是一个求知的过程。随着社会经济的不断发展,出门看世界的中国人正在迅速增多。

第 十 六 课

1. 最近国家计委、国家林业局、财政部联合发出通知,在长江和黄河上游 13 个省、区的 174 个县内,今年开始进行退耕还林,退耕面积共计 515 万亩。退耕以后农民生活需要的粮食由国家补助。通知规定,国家委托国有粮食企业负责发放补助粮食。

2. 据《人民日报》报道,我国农业结构调整取得了初步进展。这主要表现在 4 个方面:

一是大宗农作物和主要产区的农作物进行了比较大的调整。二是优质农产品发展迅速。1999 年全国优质早稻、专用小麦和优质油菜面积都比 1998 年有较大增加，其中优质早稻已经占早稻总面积 50％左右。三是养殖结构有所改善。著名的、特有的、优质的、新的产品增长迅速。牛、羊和瘦肉型猪产量增加，蛋类、奶类生产有较大幅度的提高，养殖水产品产量增加，名特优新水产品快速增加。四是乡镇企业和农垦企业的经济质量和效益不断提高，结构调整取得了良好的效果。

3. 山东省是中国小麦的主要产区，优良品种覆盖率十几年来一直保持在 95％以上，1993 年又增加到 97.4％。这对实现小麦高产起到了重要作用。近年来山东小麦平均亩产连续稳定在 300 公斤以上，总产量连续 3 年在全国排在第一位。

4. 据《人民政协报》报道，朱镕基总理最近专门批给袁隆平 1000 万元研究费，支持他开展超级杂交水稻选育研究。这几年来，袁隆平一直在进行超级杂交水稻选育研究工作。1997 年，他选种了 3.6 亩试验田，平均每亩产量为 884 公斤，比现在的杂交稻每亩增产 225 公斤，如果 21 世纪初每年种 1 亿亩超级杂交水稻，最低每年可以增产粮食 150 亿公斤。那样，袁隆平对人类的贡献就更大了。

5. 赵守义是河南省洛宁县的一个普通农民，今年 73 岁。他的家乡是个粮食产量很低的干旱地区，农民生活一直不富裕。为了改变家乡的贫困面貌，他经过几十年努力，总结出一套新的旱地小麦栽培方法，使小麦亩产量最高达到了 608 公斤，创造了旱地小麦稳产高产的奇迹。

词 汇 表

（词后面的数字代表课数）

A

爱国		àiguó	2
爱国主义	（名）	àiguózhǔyì	4

B

颁奖	（动）	bānjiǎng	8
版	（量）	bǎn	2
版面	（名）	bǎnmiàn	2
邦交	（名）	bāngjiāo	11
本科	（名）	běnkē	4
必须	（助动）	bìxū	4
边境	（名）	biānjìng	9
编辑	（动、名）	biānjí	1
编写	（动）	biānxiě	5
变迁	（动、名）	biànqiān	6
播报	（动）	bōbào	1
播出	（动）	bōchū	3
播送	（动）	bōsòng	1
播音员	（名）	bōyīnyuán	3
博爱	（名）	bó'ài	11
博士	（名）	bóshì	5
不禁	（副）	bújìn	10
不懈	（形）	búxiè	2
步伐	（名）	bùfá	10
步骤	（名）	bùzhòu	10

160

C

裁减	（动）	cáijiǎn	9
采访	（动）	cǎifǎng	6
参赞	（名）	cānzàn	5
苍茫	（形）	cāngmáng	1
侧面	（名）	cèmiàn	7
测试	（动）	cèshì	3
产物	（名）	chǎnwù	11
产业	（名）	chǎnyè	13
产业化	（动）	chǎnyèhuà	13
产值	（名）	chǎnzhí	13
昌盛	（形）	chāngshèng	2
长足	（形）	chángzú	9
场面	（名）	chǎngmiàn	7
倡导	（动）	chàngdǎo	13
车费	（名）	chēfèi	7
陈粮	（名）	chénliáng	16
成交额	（名）	chéngjiāo'é	10
成批	（名）	chéngpī	7
承诺	（动、名）	chéngnuò	12
持续	（动、形）	chíxù	15
持证		chízhèng	3
憧憬	（动）	chōngjǐng	14
出息	（名）	chūxi	10
传达室	（名）	chuándáshì	13
传情		chuánqíng	1
船舶	（名）	chuánbó	12
窗口	（名）	chuāngkǒu	13
创伤	（名）	chuāngshāng	11
创立	（动）	chuànglì	7
创业	（动）	chuàngyè	13
粗布	（名）	cūbù	6
促成	（动）	cùchéng	10
村	（名）	cūn	3

D

达成	（动）	dáchéng	9
打破	（动）	dǎpò	8
大力	（副）	dàlì	3
代名词		dàimíngcí	13
贷款	（名、动）	dàikuǎn	7
淡季	（名）	dànjì	15
诞生	（动）	dànshēng	3
当选	（动）	dāngxuǎn	8
党	（名）	dǎng	2
党委	（名）	dǎngwěi	5
档次	（名）	dàngcì	7
倒计时	（动）	dàojìshí	14
德智体美		dé-zhì-tǐ-měi	4
敌对	（动）	dídùi	10
递增	（动）	dìzēng	12
典型	（名）	diǎnxíng	10
电脑	（名）	diànnǎo	7
电钮	（名）	diànniǔ	14
奠定	（动）	diàndìng	9
东亚病夫		Dōngyà bìngfū	8
董事长	（名）	dǒngshìzhǎng	8
短缺	（动）	duǎnquē	16
多极化	（名）	duōjíhuà	15
多元化	（名）	duōyuánhuà	6
夺取	（动）	duóqǔ	8

E

儿媳妇	（名）	érxífu	6
恩德	（名）	ēndé	11

F

发电机	（名）	fādiànjī	12

发行	（动）	fāxíng	5
发源地	（名）	fāyuándì	5
发展中国家		fāzhǎnzhōng guójiā	9
翻天覆地	（成）	fāntiān-fùdì	8
反省	（名）	fǎnxǐng	11
访谈	（动）	fǎngtán	3
飞跃	（动、名）	fēiyuè	7
分流	（动）	fēnliú	15
丰年	（名）	fēngnián	16
风筝	（名）	fēngzheng	14
夫人	（名）	fūren	10
服饰	（名）	fúshì	6
服装	（名）	fúzhuāng	6
幅度	（名）	fúdù	12
复合型		fùhéxíng	4
复兴	（动）	fùxīng	1
富强	（形）	fùqiáng	2
覆盖	（动）	fùgài	3

G

改革开放		gǎigé kāifàng	1
高速公路		gāosù gōnglù	7
高新技术		gāo-xīn jìshù	13
格局	（名）	géjú	13
个性化	（名）	gèxìnghuà	6
跟踪	（动）	gēnzōng	6
更换	（动）	gēnghuàn	16
更始	（动）	gēngshǐ	14
公道	（形）	gōngdào	7
公立		gōnglì	5
公民	（名）	gōngmín	2
供大于求	（成）	gōng dà yú qiú	16
共产党	（名）	gòngchǎndǎng	2
共识	（名）	gòngshí	9
购买	（动）	gòumǎi	7
估量	（动）	gūliáng	11

孤儿	（名）	gū'ér	11
古迹	（名）	gǔjì	15
关注	（动）	guānzhù	12
广告	（名）	guǎnggào	2
规范	（名、动）	guīfàn	3
国防	（名）	guófáng	4
国会议员		guóhuì yìyuán	10
国力	（名）	guólì	5
国庆(节)	（名）	guóqìng(jié)	1

H

海(内)外	（名）	hǎi(nèi)wài	2
海湾	（名）	hǎiwān	7
海峡	（名）	hǎixiá	7
含义	（名）	hányì	8
汉学家	（名）	hànxuéjiā	5
行业	（名）	hángyè	7
行长	（名）	hángzhǎng	13
豪情	（名）	háoqíng	14
合法	（形）	héfǎ	8
合资	（形）	hézī	13
和解	（动）	héjiě	10
贺卡	（名）	hèkǎ	2
华诞	（名）	huádàn	2
华人	（名）	huárén	14
话题	（名）	huàtí	3
欢欣鼓舞	（成）	huānxīn-gǔwǔ	14
荒地	（名）	huāngdì	13
黄金时间		huángjīn shíjiān	1
辉煌	（形）	huīhuáng	1
回顾	（动）	huígù	1
绘画	（动、名）	huìhuà	6
会晤	（动）	huìwù	9
活力	（名）	huólì	13
火箭	（名）	huǒjiàn	12
伙伴	（名）	huǒbàn	9

J

机电	（名）	jīdiàn	12
机构	（名）	jīgòu	5
激光照排		jīguāng zhàopái	13
集	（量）	jí	1
给予	（动）	jǐyǔ	14
计算机	（名）	jìsuànjī	4
记录片	（名）	jìlùpiàn	1
家电	（名）	jiādiàn	12
驾驶	（动）	jiàshǐ	6
艰苦奋斗	（成）	jiānkǔ-fèndòu	9
简易	（形）	jiǎnyì	6
见证	（动、名）	jiànzhèng	13
间	（动）	jiàn	2
健全	（动、形）	jiànquán	8
奖励	（动）	jiǎnglì	14
降水概率		jiàngshuǐ gàilǜ	2
交替	（动）	jiāotì	14
交往	（动）	jiāowǎng	5
交易会	（名）	jiāoyìhuì	12
焦点	（名）	jiāodiǎn	3
教授	（动）	jiāoshòu	5
教授	（名）	jiàoshòu	5
教堂	（名）	jiàotáng	14
轿车	（名）	jiàochē	7
接班人	（名）	jiēbānrén	4
接待	（动）	jiēdài	15
结晶	（名）	jiéjīng	11
捷报	（名）	jiébào	16
截止	（动）	jiézhǐ	8
介入	（动）	jièrù	16
借助	（动）	jièzhù	16
金牌	（名）	jīnpái	8
金融	（名）	jīnróng	13
金字塔	（名）	jīnzìtǎ	14

进展	（动）	jìnzhǎn	9
禁毒	（动）	jìndú	4
惊讶	（形）	jīngyà	10
经济特区		jīngjì tèqū	13
经贸	（名）	jīng-mào	10
经营	（动）	jīngyíng	13
竞技体育		jìngjì tǐyù	8
居住	（动）	jūzhù	6
举办	（动）	jǔbàn	10
举国欢庆		jǔguó huānqìng	1
举重	（名）	jǔzhòng	8
决赛	（名）	juésài	8
军国主义	（名）	jūnguózhǔyì	11
均衡	（形）	jūnhéng	15

K

开创	（动）	kāichuàng	8
开创者	（名）	kāichuàngzhě	5
开幕	（动）	kāimù	4
开设	（动）	kāishè	5
刊登	（动）	kāndēng	2
靠拢	（动）	kàolǒng	7
科技	（名）	kējì	3
科技园区		kējì yuánqū	13
客商	（名）	kèshāng	12
课间	（名）	kèjiān	4
课堂	（名）	kètáng	5
空调	（名）	kōngtiáo	12
恐慌	（形）	kǒnghuāng	15
跨国公司	（名）	kuàguó gōngsī	13
跨越	（动）	kuàyuè	7
宽厚	（形）	kuānhòu	11
宽松	（形）	kuānsōng	4
款式	（名）	kuǎnshì	6
框架	（名）	kuàngjià	9

L

里程	（名）	lǐchéng	7
历来	（名）	lìlái	9
利润	（名）	lìrùn	12
来源	（名）	láiyuán	3
栏目	（名）	lánmù	3
牢固	（形）	láogù	11
良师益友	（成）	liángshī-yìyǒu	5
亮点	（名）	liàngdiǎn	13
料	（动、名）	liào	6
列入	（动）	lièrù	14
凌晨	（名）	língchén	14
领域	（名）	lǐngyù	8
领先	（动）	lǐngxiān	12
流芳千古	（成）	liúfāng-qiāngǔ	11
龙年	（名）	lóngnián	14
隆重	（形）	lóngzhòng	11
旅游	（名）	lǚyóu	15

M

茅草房	（名）	máocǎofáng	6
面孔	（名）	miànkǒng	14
面向	（动）	miànxiàng	9
民间	（名）	mínjiān	10
民俗	（名）	mínsú	14
敏感	（形）	mǐngǎn	10
铭记	（动）	míngjì	11
摩托车	（名）	mótuōchē	6
末	（名）	mò	3
睦邻	（动）	mùlín	9

N

| 年富力强 | （成） | niánfù-lìqiáng | 5 |

年夜饭	（名）	niányèfàn	14
女单	（名）	nǚdān	8

P

拍照	（动）	pāizhào	10
排队	（动）	páiduì	7
培养	（动）	péiyǎng	
蓬勃	（形）	péngbó	5
疲软	（形）	píruǎn	16
篇章	（名）	piānzhāng	7
品牌	（名）	pǐnpái	8
平淡	（形）	píngdàn	16
平凡	（形）	píngfán	8
评论	（动、名）	pínglùn	3
评选	（动）	píngxuǎn	8
破旧	（形）	pòjiù	13
普通话	（名）	pǔtōnghuà	3

Q

期待	（动）	qīdài	14
期末	（名）	qīmò	4
期望	（动、名）	qīwàng	8
奇装异服		qízhuāng-yìfú	6
旗袍	（名）	qípáo	12
企业家	（名）	qǐyèjiā	5
起飞	（动）	qǐfēi	13
气氛	（名）	qìfēn	4
气息	（名）	qìxī	14
千载难逢	（成）	qiānzǎi nánféng	10
签署	（动）	qiānshǔ	9
前景	（名）	qiánjǐng	15
前期	（名）	qiánqī	7
庆典	（名）	qìngdiǎn	1
球王	（名）	qiúwáng	8
区域	（名）	qūyù	15

168

趋势	（名）	qūshì	10
渠道	（名）	qúdào	10
确认	（动）	quèrèn	5

R

冉冉	（形）	rǎnrǎn	4
人次	（量）	réncì	5
仁慈	（形）	réncí	11
认定	（动）	rèndìng	11
荣誉	（名）	róngyù	8
融入	（动）	róngrù	12
入境	（动）	rùjìng	15
入学	（动）	rùxué	4

S

伤害	（动）	shānghài	11
商定	（动）	shāngdìng	9
上岗	（动）	shànggǎng	3
社会新闻		shèhuì xīnwén	3
社会主义	（名）	shèhuìzhǔyì	3
社论	（名）	shèlùn	2
设计师	（名）	shèjìshī	6
设立	（动）	shèlì	5
设施	（名）	shèshī	8
摄影	（动）	shèyǐng	2
深化	（动）	shēnhuà	4
审美	（动）	shěnměi	6
声明	（动、名）	shēngmíng	9
盛大	（形）	shèngdà	2
盛典	（名）	shèngdiǎn	1
盛况	（名）	shèngkuàng	1
时尚	（名）	shíshàng	15
时装	（名）	shízhuāng	12
实力	（名）	shílì	8
食粮	（名）	shíliáng	3

示范	（动、名）	shìfàn	16
市民	（名）	shìmín	7
事务	（名）	shìwù	9
收藏	（动）	shōucáng	10
收看	（动）	shōukàn	1
收视率	（名）	shōushìlǜ	14
手推车	（名）	shǒutuīchē	6
守岁	（动）	shǒusuì	14
首脑	（名）	shǒunǎo	9
首相	（名）	shǒuxiàng	11
寿命	（名）	shòumìng	8
书法	（名）	shūfǎ	4
书面	（名）	shūmiàn	4
曙光	（名）	shǔguāng	14
数以百计		shù yǐ bǎi jì	5
率先	（副）	shuàixiān	13
水稻	（名）	shuǐdào	16
硕士	（名）	shuòshì	4
思考	（动）	sīkǎo	6
思想	（名）	sīxiǎng	4
寺庙	（名）	sìmiào	15
素质教育		sùzhì jiàoyù	4
随着	（介）	suízhe	5
岁月	（名）	suìyuè	1
穗	（名）	suì	16
缩影	（名）	suōyǐng	6

T

太空	（名）	tàikōng	14
探索	（动）	tànsuǒ	2
探险	（动）	tànxiǎn	15
逃跑	（动）	táopǎo	11
特派员	（名）	tèpàiyuán	12
提要	（名）	tíyào	1
体形	（名）	tǐxíng	6
体制	（名）	tǐzhì	7

贴近	(动)	tiējìn	3
听众	(名)	tīngzhòng	1
厅(局)长	(名)	tīng(jú)zhǎng	3
庭院	(名)	tíngyuàn	13
统计	(动)	tǒngjì	5
投石问路		tóushí wènlù	13
图案	(名)	tú'àn	14
土特产品		tǔ-tè chǎnpǐn	12
团聚	(动)	tuánjù	14
推出	(动)	tuīchū	1
推广	(动)	tuīguǎng	3
推进	(动)	tuījìn	4
推向	(动)	tuīxiàng	6
退休	(动)	tuìxiū	10

W

外长	(名)	wàizhǎng	9
万岁	(动、名)	wànsuì	2
万万	(副)	wànwàn	10
往事	(名)	wǎngshì	11
危房	(名)	wēifáng	6
危机	(名)	wēijī	15
微乎其微	(成)	wēi hū qí wēi	6
温馨	(形)	wēnxīn	14
文稿	(名)	wéngǎo	16
无比	(形)	wúbǐ	8
午夜饭	(名)	wǔyè fàn	14
舞台	(名)	wǔtái	8
物美价廉		wùměi-jiàlián	12

X

席位	(名)	xíwèi	8
戏曲	(名)	xìqǔ	14
显示	(动)	xiǎnshì	12
乡镇企业		xiāngzhèn qǐyè	7

相声	（名）	xiàngsheng	6
象征	（动、名）	xiàngzhēng	14
校园	（名）	xiàoyuán	4
协定	（名）	xiédìng	9
协会	（名）	xiéhuì	8
协议	（名）	xiéyì	9
心目	（名）	xīnmù	3
信号	（名）	xìnhào	7
信息	（名）	xìnxī	3
兴办	（动）	xīngbàn	13
星球	（名）	xīngqiú	10
型	（名）	xíng	1
修养	（名）	xiūyǎng	6
序幕	（名）	xùmù	16
宣言	（名）	xuānyán	11
学科	（名）	xuékē	4
学年	（名）	xuénián	4
血肉	（名）	xuèròu	11

Y

压库		yākù	16
沿海	（名）	yánhǎi	10
研究生	（名）	yánjiūshēng	4
研制	（动）	yánzhì	5
掩饰	（动）	yǎnshì	10
厌倦	（动）	yànjuàn	15
养父（母）	（名）	yǎngfù(mǔ)	11
养育	（动）	yǎngyù	11
样品	（名）	yàngpǐn	12
业绩	（名）	yèjì	2
一流	（形）	yīliú	13
一律	（形、副）	yílǜ	10
一统天下		yìtǒng tiānxià	12
依托	（动）	yītuō	16
以德报怨	（成）	yǐdé-bàoyuàn	11
亿万	（数）	yìwàn	3

异军突起	（成）	yìjūn-tūqǐ	12
引进	（动）	yǐnjìn	13
引人注目	（成）	yǐnrén-zhùmù	3
荧屏	（名）	yíngpíng	1
迎宾		yíngbīn	7
营造	（动）	yíngzào	13
应聘	（动）	yìngpìn	5
拥有	（动）	yōngyǒu	2
涌现	（动）	yǒngxiàn	7
由衷	（形）	yóuzhōng	11
油料	（名）	yóuliào	16
舆论	（名）	yúlùn	12
誉	（动）	yù	16
预报	（动）	yùbào	2
预告	（动、名）	yùgào	1
远洋	（名）	yuǎnyáng	15

Z

杂交	（动）	zájiāo	16
灾难	（名）	zāinàn	11
赞赏	（动）	zànshǎng	9
赞叹不已		zàntàn-bùyǐ	12
造就	（动）	zàojiù	4
增进	（动）	zēngjìn	10
摘要	（名）	zhāiyào	1
展示	（动）	zhǎnshì	6
展台	（名）	zhǎntái	12
展销	（动）	zhǎnxiāo	10
占有	（动）	zhànyǒu	16
战略	（名）	zhànlüè	9
招收	（动）	zhāoshōu	4
招手	（动）	zhāoshǒu	7
朝气蓬勃	（成）	zhāoqì-péngbó	5
真诚	（形）	zhēnchéng	1
蒸蒸日上	（成）	zhēngzhēng-rìshàng	14
正视	（动）	zhèngshì	11

证据	（名）	zhèngjù	11
……之父		……zhī fù	16
支柱	（名）	zhīzhù	3
知识分子	（名）	zhīshifènzǐ	13
知识经济	（名）	zhīshijīngjì	13
直播	（动）	zhíbō	11
直辖市	（名）	zhíxiáshì	4
值	（名）	zhí	16
殖民统治		zhímín tǒngzhì	11
指导员	（名）	zhǐdǎoyuán	8
致力于		zhìlì yú	11
致以	（动）	zhìyǐ	2
质变	（名）	zhìbiàn	12
周边	（名）	zhōubiān	9
周年	（名）	zhōunián	1
主持人	（名）	zhǔchírén	3
主导	（名、形）	zhǔdǎo	12
主角	（名）	zhǔjué	12
主权	（名）	zhǔquán	9
主题	（名）	zhǔtí	14
注册	（动）	zhùcè	5
祝福	（动）	zhùfú	2
祝愿	（动）	zhùyuàn	2
专题	（名）	zhuāntí	4
转让	（动）	zhuǎnràng	12
转移	（动）	zhuǎnyí	10
赚取	（动）	zhuànqǔ	15
壮大	（动、形）	zhuàngdà	5
撞	（动）	zhuàng	14
自豪	（形）	zìháo	8
自治区	（名）	zìzhìqū	4
总裁	（名）	zǒngcái	13
总和	（名）	zǒnghé	7
总理	（名）	zǒnglǐ	2
总书记	（名）	zǒngshūjì	4
组建	（动）	zǔjiàn	7
罪行	（名）	zuìxíng	11
坐落	（动）	zuòluò	13
作物	（名）	zuòwù	16

专　名

A

B

C

D

176

J

K

L

M

山东(省)	Shāndōng(Shěng)	10
汕头	Shàntóu	13
单大爷	Shàn dàye	10
上海强生汽车公司	Shànghǎi Qiángshēng Qìchē Gōngsī	7
上海市教委	Shànghǎi Shì Jiàowěi	4
上海通用汽车公司	Shànghǎi Tōngyòng Qìchē Gōngsī	13
深圳(市)	Shēnzhèn(Shì)	13
神户	Shénhù	10
沈阳(市)	Shěnyáng(Shì)	7
沈阳"九·一八"纪念馆	Shěnyáng "Jiǔ·Yībā" Jìniànguǎn	11
施雷斯	Shīléisī	13
《世界汉语教学》	《Shìjiè Hànyǔ Jiàoxué》	5
四川省广播电视厅	Sìchuān Shěng Guǎngbō Diànshì Tīng	3

T

塔吉克斯坦	Tǎjíkèsītǎn	9
泰国	Tàiguó	5
泰晤士河	Tàiwùshì Hé	14
唐家璇	Táng Jiāxuán	9
天津(市)	Tiānjīn(Shì)	6

W

汪阿金	Wāng Ājīn	6
王平	Wáng Píng	1
吴海燕	Wú Hǎiyàn	6
吴仁宝	Wú Rénbǎo	7

X

西班牙	Xībānyá	12
西亚	Xīyà	9
希拉克	Xīlākè	13
厦门	Xiàmén	13
祥生汽车公司	Xiángshēng Qìchē Gōngsī	7
新闻调查	Xīnwén Diàochá	3

Y

Z